Familien-Reiseführer

ITALIENISCHE ADRIA

MIT RAVENNA, RIMINI UND VENEDIG

COMPANIONS

Die italienische Adria

Bunte Boote sorgen im Hafen von Cesenatico für Urlaubsstimmung

Die italienische Adria für Eltern und Kinder

Kinderfreundliche Strände

Zehn Touren, die allen Spaß machen

Die tollsten Attraktionen für Kinder

Gut zu wissen

Ein Bummel ohne Rummel auf Gradaras Stadtmauer

Was Sie wissen sollten

Diese Zeichen und Symbole begleiten Sie durch das ganze Buch und geben Ihnen besondere Informationen:

Die Mini-Karte von der italienischen Adria mit dem dicken roten, grünen oder blauen Punkt zeigt Ihnen auf einen Blick, an welchem Ort sich die jeweilige Adresse befindet.

Infos zur Region oder spezielle Empfehlungen für die Eltern gibt's in den grünen Kästen.

In den orangefarbenen Kästen stehen tolle Tipps oder Geschichten für Kinder.

Regionale kulinarische Genüsse oder ein Restaurant, in dem auch Ihre Kinder auf ihre Kosten kommen, finden Sie in den blauen Kästen.

Unser Autor Gottfried Aigner ist ausgezeichnet – und das nachgewiesenermaßen. Die 2003 im Companions Verlag erschienene Ausgabe dieses Familien-Guides wurde vom Italienischen Fremdenverkehrsverband ENIT zum besten deutschsprachigen Reiseführer gewählt, 2008 belohnte ihn der Lions Club Valténesi für seinen Familien-Reiseführer Gardasee und für sein Engagement für Umwelt und Kultur mit einer Auszeichnung. Gottfried Aigner ist Großvater und hat einen Zweitwohnsitz in Musaga über dem Gardasee.

Die italienische Adria entdecken

Sonne, Sand und sauberes Wasser, das ist die richtige Kombination für Eltern und Nachwuchs. Auch preiswert soll es sein, das Ziel schnell erreichbar. Eine Antwort auf dieses Wunschpaket ist die Adria, von den meisten Urlaubern mit dem eigenen Wagen angesteuert. Zunächst die geografische Einordnung, sozusagen der Finger auf der Landkarte: Das Adriatische Meer zieht sich von Triest südwärts bis Apulien, im Osten begrenzt von Slowenien, Kroatien und Albanien. Doch die Urlaubsadria, das ist hauptsächlich die Küste zwischen Grado und Cattolica, wo sich alljährlich etwa fünf Millionen Sonnenhungrige im feinen Sand aalen. In diesem Urlaubsgebiet, genauer in Rimini, hat der Tourismus quasi schon 1843 begonnen. Doch so richtigen Schwung bekam er erst in den 60er-Jahren des vergangenen Jahrhunderts. Das Naturphänomen Algenblüte mit den damit verbundenen gesundheitlichen Gefahren (siehe Kasten S. 118) unterbrach dann in den 90er-Jahren den Tourismusboom für kurze Zeit. Auch kam der etwas zu sorglose Umgang mit den Abwässern ans Tageslicht.

Zahlreiche Mittelalterfeste (siehe S. 116) verzaubern das Publikum

Fakten ...

Etwa 250 Kilometer lang ist die Küste der klassischen Urlaubsadria zwischen Grado und Cattolica. Drei Regionen teilen sich das Urlaubsgebiet: Friaul-Julisch Venetien, Veneto und Emilia-Romagna. Südlich der Emilia-Romagna folgt die kleine Region der Marken. Etwa fünf Millionen Feriengäste kommen im Jahr an die mittlere Adria, sie finden rund 4.000 Hotels, etwa 60 Campingplätze und Feriendörfer, 1.500 Strandbäder sowie 25 Vergnügungsparks und für heiße Nächte 150 Diskotheken.

Ein echtes Familienziel

Doch das hat sich inzwischen vollkommen geändert, die Gemeinden haben große Anstrengungen unternommen, die Wasserwerte können sich sehen lassen, liegen meistens bei sehr gut. So ist das Vertrauen der Urlauber in dieses Feriengebiet wieder zurückgekehrt. Eltern und Großeltern suchen ihre früheren Urlaubsziele auf und entdecken, dass sich die Badeorte ganz auf Familien eingestellt haben. Geändert hat sich auch das Urlaubsverhalten der deutschen Gäste: Strand und Meer allein reichen ihnen nicht mehr. Sie möchten Kunst und Kultur entdecken, Ausflüge machen, den Traditionen und der Geschichte der Adriaregion nachspüren.

Kulturspur der Römer

Im oberen Teil, in Friaul-Julisch Venetien, sind Grado und Aquileia die Anziehungspunkte, um der Geschichte bis in die Römerzeit nachzuspüren. Im Veneto ist natürlich Venedig Ausflugsziel Nummer eins. In der auf Pfählen ins Wasser gesetzten Stadt reicht ein Tag höchstens für eine Schnuppertour. Um die Siedlung im Meer richtig kennenzulernen, sind viele Exkursionen nötig. Als zweite Kunstmetropole bietet sich die römische Gründung Padua an, die Stadt, in der große Künstler und Architekten bedeutende Zeugnisse hinterlassen haben.

Den Malatesta auf den Fersen

In der nach Friaul-Julisch Venetien und dem Veneto dritten Region, der Emilia-Romagna, stehen die historischen Zentren von Ravenna und Rimini im Mittelpunkt des kulturellen Interesses. In Ravenna sind es die Mosaiken und Fresken der Kirchen, die Berührung mit der Geschichte schaffen, mit dem Ostgotenkönig Theoderich dem Großen, mit den Byzantinern, den Langobarden und den Venetiern. In Riminis Altstadt erinnern Triumphbogen und Brücke an die Römerzeit, doch hat vor allem die Dynastie der Malatesta (siehe Kasten S. 122) die Geschichte der Stadt geprägt. Auf der Spur dieses Herrschergeschlechts führen Ausflüge ins hügelige Hinterland, zum Beispiel in den Staat San Marino, dessen Bewohner den Malatesta die Zähne zeigten, oder in die wunderbaren Städtchen Santarcangelo und Verucchio, in die Marken nach San Leo oder in die ummauerte Festungsstadt Gradara.

Strände vor den Lagunen

Doch auch wer an der Küste bleiben, nicht ins Hinterland fahren möchte, findet eine interessante Landschaft, hat

Die Liebestragödie von Francesca und Paolo

Traurig und herzergreifend liest sich die Liebesgeschichte der schönen Francesca mit dem ebenso schönen Paolo. Mehr als 200 Jahre herrschte das Geschlecht der Malatesta über Rimini und sein Hinterland. Die Geschichte der Dynastie war eine Folge von Siegen und Niederlagen, von Mord und Betrug – und von unglücklich Verliebten. Angefangen hat alles mit Malatesta da Verucchio (ca. 1212-1312), einem in der Politik erfolgreichen Haudegen und Schwerenöter. Der Alte hatte aus seiner zweiten Ehe mit Concordia zwei Söhne: Giovanni und Paolo. Concordia, Tochter des Statthalters der Romagna, brachte vier Burgen mit in den Bund.

Politisch war auch die Heirat des älteren Sohnes Giovanni – der Lahme genannt. Mit ihm wurde Francesca, die Tochter von Guido da Polenta, Herr von Ravenna, zur Ehe gezwungen, um die Beendigung des Krieges zwischen beiden Reichen zu besiegeln. Es war – wie man sich denken kann – eine unglückliche Verbindung, denn Giovanni war nicht nur körperlich wenig anziehend, sondern auch als Mensch äußerst unangenehm. Um dies gegenüber der schönen Francesca zu vertuschen, ersannen die Väter der beiden eine List. Sie hielten die Hochzeitszeremonie nicht mit Giovanni, sondern mit Paolo, Giovannis Bruder, auch „il Bello" (der Schöne) genannt, ab. Der Plan ging auf. Francesca willigte ein und verliebte sich in den schönen Paolo, den sie natürlich für Giovanni hielt. Und auch Paolo war sofort in Liebe zu Francesca entflammt. Es kam, wie es kommen musste – der Betrug um die beiden Brüder flog auf. Francesca half dies wenig. Denn rechtlich war sie mit dem hässlichen, unsympathischen Giovanni vermählt.

Giovanni war Statthalter von Pesaro und musste sich als solcher dort immer wieder für ein paar Tage aufhalten. Das nutzten die beiden Liebenden, trafen sich heimlich, sooft es ging. Eine zu Herzen gehende Romanze begann. Dante beschrieb die Affäre recht genau in seiner Göttlichen Komödie. Eines Tages lasen Francesca und Paolo zusammen die Geschichte von Lanzelot und Genoveva. Als sie die Stelle erreicht hatten, an der Lanzelot Genoveva küsst, kam die Lust auch über unser unglückliches Paar. Doch eines Tages kehrte Giovanni früher als erwartet von seinen Geschäften in Pesaro zurück und erwischte Frau und Bruder in flagranti. Rasend vor Eifersucht spießte der gehörnte Ehemann die beiden Liebenden auf seinen Degen! So weit Dantes Darstellung. Andere behaupten, Giovanni habe das Paar nicht eigenhändig umgebracht, sondern hinrichten lassen. Was wirklich wahr ist an der Liebestragödie zwischen Francesca und Paolo, darüber streiten sich die Gelehrten bis heute. Tragisch-schön war sie auf jeden Fall.

zahlreiche Möglichkeiten, zu Fuß, mit dem Rad oder hoch zu Ross Flora und Fauna zu entdecken. Den landschaftlich fantastischen Lagunen von Grado und Marano vorgelagert sind zwei beliebte Strandabschnitte, die Stadtstrände von Grado und die drei Strände von Lignano: Sabbiadoro, Pineta und Riviera. Vorteilhaft für Familien mit kleinen Kindern: Unterkünfte, Einkaufsmöglichkeiten und Unterhaltung liegen hier gleich hinter den Sandstränden.

Sandstrandparadiese

Im Veneto, gleich südwestlich von Lignano breitet sich Bibione aus, hinter der Lagune folgt Caorle und dann Schlag auf Schlag Sandstrandparadiese mit dem Markenzeichen familienfreundlich: Eraclea Mare, Lido di Jesolo und Litorale del Cavallino. Die vielen kleinen Inseln in der Laguna Veneta südlich von Venedig sind ein Eldorado für autofreie Ferien. Manche Strände sind nur mit dem Boot zu erreichen. Beliebtes Ausflugsziel und Urlaubsort ist der Lido di Venezia, schon um 1900 eleganter Badeort der gekrönten Häupter Europas. Südlich liegt die wenige hundert Meter schmale und elf Kilometer lange Insel Pellestrina, die mit Boot und Bus zu erreichen ist. Von dort setzt man zur Nachbarinsel Chioggia über, die auch vom Festland aus über eine Brücke angesteuert werden kann. Gleich neben Chioggia liegt der zehn Kilometer lange Strand von Sottomarina, südlich davon folgen die Strände von Rosolina Mare. Schließlich folgt die Insel Albarella, und mit dem Po-Delta schließt das Veneto ab.

Comacchio und Ravenna

Im Norden das Po-Delta, im Süden die Mündung des Reno, im Osten die Adria,

Mit dem Boot hinaus aufs Meer und die flotte Wasserrutsche ist gleich dabei

im Westen, hinter den Stränden, die Valli (Täler) und Lagunen – so eingebettet liegen die „glorreichen sieben“, die Strände von Comacchio in der Region Emilia Romagna: Lido di Volano, delle Nazioni, di Pomposa, degli Scacchi, Porto Garibaldi, Lido degli Estensi und di Spina. Pinien- und Pappelwälder, Wiesen und Weiden, das ist die Begleitmusik zum Strandurlaub. Unschöne Seite der herrlichen Landschaft: Stechmücken! Das gilt auch für die Strände von Ravenna.

Im Salzland und am Rubicon

Rund um das Städtchen Cervia wurde „das weiße Gold“ noch bis vor Kurzem in großen Meerwasserbecken gewonnen. Salzgewinnung ist hier nicht mehr rentabel, doch in Führungen und im Salzmuseum wird an das alte Handwerk erinnert (siehe Kasten S. 96). Jenseits der alten Salinen ist der Badetourismus wichtigster Erwerbszweig. Drei Orte teilen sich die zehn Kilometer Sandstrand: Milano Marittima und südlich die ruhigen Badeorte Pinarella und Tagliata.

Leonardo da Vinci und Cäsar

Das nächste Ferienzentrum ist Cesenatico mit großer Schifffahrts- und Fischereitradition und dem berühmten Freilicht-Schiffsmuseum. Den Kanalhafen von Cesenatico hat übrigens kein Geringerer als Leonardo da Vinci entworfen. Kurz darauf folgen drei kleine, ruhige Ferienorte. In unmittelbarer Nähe des Rubicon, den Cäsar 49 v. Chr. überschritt, um Rom zu erobern (Alea iacta est! – Der Würfel ist gefallen!), liegen Gatteo a Mare, Savignano Mare und San Mauro Mare. Fast übergangslos geht es weiter mit dem Doppelort Bellaria-Igea Marina, der durch den Kanalhafen des Flusses Uno geteilt wird. Rimini hat unter allen Küstenstädten die älteste Tradition. 1843 wurde das erste Strandbad eingeweiht. Inzwischen gehören auf 15 Kilometern Länge neun Badeplätze von Torre Pedrera bis Miramare zur europäischen Hauptstadt des Badeurlaubs.

„Priesterwürger“ als Vorspeise?

Haben Sie schon einmal „Priesterwürger“ probiert? Die Restaurants an der mittleren Adria wetteifern um die besten Strozzapreti con pesce di coglio. Hinter dem lustigen Namen verbirgt sich unregelmäßig geformte Pasta mit Krustentieren und Edelmuscheln – angeblich sei an den dicken Nudeln schon einmal ein Priester erstickt … Zwei super Adressen: ***Alla Stazione****, 47843 Misano Adriatico, Via Repubblica 63, Tel. 0541-61 41 96 (im Winter Mi geschl.);* ***Griglia d'Oro****, Bellaria-Igea Marina, Via Tibullo 80, Tel. 0541-33 10 08.*

Von Riccione bis Cattolica

Der Rest der romagnolischen Badeküste, etwa zwölf Kilometer Sandstrand, teilen sich Riccione, die „grüne Perle“, und Cattolica, die „Königin der Adria“, mittendrin Misano Adriatico. Klassische Badeorte sind es, Hotels am Strandboulevard bestimmen das Bild, Bagno reiht sich an Bagno, bunte Sonnenschirme bedecken den sanft abfallenden Strand.

Kein Urlaubsort an der Adria ohne Ross und schnellen Schlitten

Was Eltern wissen sollten

Wer noch keine schulpflichtigen Kinder hat, sollte für den Adriaurlaub die schönste Reisezeit wählen: Mai, Juni, September oder Oktober. Dann ist die Luft frisch und rein. Eine ständige Brise macht aber auch den Sommer am Strand angenehm. Städtetouren, beispielsweise nach Venedig oder Padua, sollte man im Juli und August nicht unternehmen, denn nicht nur die Kinder machen bei großer Sommerhitze schnell schlapp – da hilft dann auch kein Eisbecher mehr. Und Badefans müssen für ihre Urlaubsplanung wissen, auch wenn die Werbung anderes verkündet: Das Meerwasser hat erst Mitte Juni die richtige Planschtemperatur von über 20 Grad.

Baywatch auf Italienisch

Etwa alle 150 Meter muss ein Bademeister – an dem roten T-Shirt mit der Aufschrift „Salvataggio" (Rettung) zu erkennen – den Strand bewachen. Die bunten Flaggen zeigen an, ob gefahrloses Baden möglich ist: weiß = alles o.k., gelb = starker Wind, Schirme schließen, rot = Gefahr beim Baden, rote und weiße Fahne = die Badeaufsicht macht Pause. Normale Wache (regional unterschiedlich) 10-13 und 16-18 Uhr.

Lange Schlangen meiden

In der heißen Hochsaison wollen sich die Kinder natürlich am liebsten den ganzen Tag in einem der vielen Wasserparks tummeln. Es gibt nichts Schöneres, als nebeneinander die Rutsche abwärtszuflitzen oder mit Karacho (70 km/h!) ins spritzende Nass einzutauchen. Doch ein Tipp: Meiden Sie diese Parks am Wochenende, dann kommen auch die Gäste aus dem Landesinneren. Lange Schlangen vor den Bädern verderben den Spaß. Das gilt auch für die „trockenen" Attraktionen, für Freizeitparks wie Gulliverlandia, New Fiabilandia, Oltremare usw. (siehe S. 85, 96, 97).

Keime im Wasser?

Wasserspaß total verspricht natürlich auch das Meer. Besorgte Eltern fragen

Die Bagni strapazieren die Urlaubskasse

Das Adriasystem der Bagni, der vermieteten Kabinen, Liegen und Sonnenschirme hat Tradition. Doch für manche Familie lohnt die Überlegung, ein freies Strandstück zu suchen, einen Schirm zu kaufen und von zu Hause Luftmatratze oder Decke mitzubringen. Für die Kalkulation Preisbeispiele in der Hochsaison pro Tag: zwei Liegen, ein Schirm ganz vorne € 16-24, ab 15. Reihe erheblich billiger. Manche Hotels bieten Aufenthalt inklusive Bagno (siehe Unterkünfte ab S. 106).

Wer sich ein freies Strandstück sucht, spart die Bagno-Miete

sich vielleicht, was passiert, wenn die Kleinen beim Toben Meerwasser schlucken. Keine Sorge: Nachdem zahlreiche neue Kläranlagen gebaut worden sind, kann das Wasser inzwischen auf der gesamten Küstenstrecke als sehr gut bzw. gut bezeichnet werden. Nur an den Flussmündungen sollte man auf ein Bad verzichten, da vom Landesinneren noch mancher Schmutz angeschwemmt wird. Die grüne Legambiente (siehe S. 19) meldete starke Verschmutzungen für die Mündungen Isonzo bei Grado und Etsch bei Rosolina, bedenklich waren Brenta bei Sottomarina (Chioggia) und Rubicon bei Gatteo. Jeweils 50 bis hundert Meter vor und nach der Mündung sollte man auf das Baden verzichten.

Der Platz am Sonnenstrand

Grundsätzlich sind Italiens Strände für alle zugänglich. Wo kein Pächter die Fläche mit Liegen und Schirmen bedeckt hat, darf man sich hinlegen. Die Vermieter verlangen für Badekabinen, Liegen und Sonnenschirme eine Gebühr. Dafür müssen sie ihren Abschnitt pflegen, für Sicherheit sorgen, Rettungspersonal bereitstellen (siehe Kasten S. 11). Jede Gemeinde hat die Auflage, frei zugängliche Strandzonen zu schaffen, die oft mit allen sanitären Einrichtungen ausgestattet sind.

Die nicht immer liebe Sonne

Immer vehementer warnen Ärzte vor zu langer Sonneneinwirkung. Nicht nur, dass die krebsroten Urlauber unter Kopfschmerzen und Übelkeit leiden, die Fälle von Hautkrebs häufen sich. Kinder sollten nur mit Kopfbedeckung und Nackenschutz in die Sonne und am besten auch

Kleiner Sprachführer für Eltern

Babynahrung (im Gläschen) – omogeneizzati
Babyrassel – sonaglio
Ball – palla
Feuchttücher – salviette umide
Hemdchen – camicino/canottiera da bambino
Höschen – braghette
Kinderbett – lettino
Kinderfahrkarte – biglietto per bambini
Kinderkarre (zusammenklappbar) – passeggino (pieghevole)
Kindersitz – seggiolino per bambini
Lätzchen – bavaglino
Luftmatratze – materassino
Malbuch – album da colorare
Malstifte – matite colorate
Milchpulver – latte in polvere
Mineralwasser (ohne/mit Kohlensäure) – acqua minerale (naturale/gassata)
Nuckelflasche – biberon
Puppe – bambola
Sandalen – sandali
Schnuller – ciucciotto
Schwimmflügel – braccioli
Schwimmreifen – salvagente
Spielplatz – parco giochi
Spielzeug – giocattolo
Strampelanzug – tutina
(Strand-)Eimer – secchiello
(Strand-)Schaufel – paletta
Taucherbrille – maschera da sub
Teddybär – orsetto
Vollmilch – latte intero
Windeln – pannolini

im Wasser ein Hemdchen tragen, auch bei verhangenem Himmel unbedeckte Hautpartien mit Faktor 15 bis 20 eincremen. Höherwertige Mittel sind nicht zu empfehlen, da sie wegen der dafür notwendigen Zusätze Allergien auslösen können. Dringender Rat der Ärzte: In der Zeit von 11 bis 15 Uhr die Sonne vollständig meiden.

Plagegeister der Lagunen

Ein großer Teil des Adriahinterlands war lange Zeit Sumpfgebiet, in dem die Malariamücke die Bevölkerung quälte. Die Malaria ist zwar inzwischen ausgerottet, weite Teile des Sumpfgebiets sind trockengelegt, doch immer noch gibt es ausreichend Feuchtgebiete, in denen sich lästige Mücken vermehren. Die Bekämpfung hat ihre Grenzen, denn Mücken sind wichtige Nahrung für Vögel und Fische. Also müssen die Menschen Vorsorge treffen. Sprays sind am praktischsten und man sollte sie anwenden, bevor die Feuchtgebiete besucht werden. Bei industriellen Mitteln empfiehlt die Weltgesundheitsorganisation Anti-Mücken-Mittel mit dem Wirkstoff DEETC, der als gesundheitsverträglich gilt. Auf jeden Fall sollten alle, auf deren „süßes Blut" die weiblichen Biester scharf sind, abends langärmelige Hemden oder Blusen tragen und die Füße mit Strümpfen bedecken. Das wird gern vergessen, wenn man bei Kerzenlicht draußen feiert. Während über den Tischen gelacht, gesungen und getrunken wird, treiben die Stechmücken unter dem Tisch mit ihren Stechrüsseln ihr Unwesen. Und: In der Unterkunft gleich checken, ob Moskitogitter an den Fenstern oder Abwehrmittel vorhanden sind.

Spaghetti alla Bolognese

Gibt es eigentlich Kinder, die nicht Spaghetti mit der Fleisch- und-Tomaten-Soße lieben, die man Spaghetti alla Bolognese nennt? Wohl kaum. Dieses Gericht stammt, wie der Name schon verrät, aus der Regionalhauptstadt der Emilia-Romagna, aus Bologna. Sie wird entlang der gesamten Adriaküste geradezu zelebriert. Die Zubereitung des Sugo, der Soße also, hat eine lange Tradition und kann Stunden dauern. Außer Hackfleisch und Tomaten gehören in die Soße auch Karotten rein. Und obendrauf: ein Berg frisch geriebener Parmesan.

Miniclubs und das Wetter

Viele Orte an der Adriaküste haben sich ganz auf Familien mit kleinen Kindern eingerichtet und bieten am Strand Baby- und Miniclubs, in denen sich Animateure liebevoll um die Kleinen kümmern. Tipp: Erkundigen Sie sich, ob der Babyclub auch einen überdachten Raum hat. Erstens sollen die Kinder nicht stundenlang in der Sonne spielen und zweitens kann es auch an der Adria regnen. Überhaupt muss die Klimaveränderung bei der Urlaubsplanung bedacht werden. Das Aprilwetter war schon immer wechselhaft, und tendenziell gibt es auch im Mai und Juni viele Regentage, sogar im Juli und August fällt an einzelnen Tagen Niederschlag an der Adria. Also auch im Sommer Regenkleidung mitnehmen!

Essen & Trinken

Piadine und Tramezzini

Die flachen, festen Fladen, denen man vor allem in der Emilia-Romagna überall begegnet heißen Piadine – eine Art Pfannkuchen aus nichts als Mehl und Wasser. Mit Käse und Schinken gefüllt sind sie ein guter Sattmacher für zwischendurch. Unbedingt probieren!
In der Lagune von Venedig isst man eher die Tramezzini, weiche, weiße Dreieck-Sandwiches, die allerdings nur in großen Mengen satt machen. Die Barbesitzer glänzen mit einer enormen Auswahl und füllen die Tramezzini mit Shrimps und Mayonnaise, mit Thunfisch und Tomaten, gekochten Eiern und allem, was ihnen sonst noch so einfällt.

Al banco oder alla tavola

Wenn es in einer Bar nur eine Theke gibt, kann nichts passieren, dann zahlt man den Preis für das Essen und den Drink „al banco". Sind in der Bar außer der Theke aber auch ein paar Tische aufgestellt und nimmt man daran Platz, bleibt zu überlegen, ob einem dies den vor allem in Städten hohen Aufschlag für „alla tavola" wirklich wert ist (an der Preisliste nahe der Bartheke zu lesen).

Prosciutto di Parma und Parmigiano

Parma-Schinken und Parmesan können ruhig in einem Atemzug genannt werden, denn beide stammen aus der

Der lustige zwinkernde Koch lädt zum „Wolfsbarsch in Wurzelsud"

Gegend um Parma, vorzugsweise vom Tosco-Emilianischen Apennin. Da wird geradezu ein Kult aus dem berühmten Schinken und Käse gemacht. Der luftgetrocknete Schinken muss hauchdünn geschnitten sein und wird gerne als Vorspeise mit sauer eingelegtem Gemüse gereicht. Der Parmesan wird mit einem Spezialmesser in Brocken nicht geschnitten, sondern gebrochen.

Pasta fresca

Die Pasta fresca, vor allem die breiten Tagliatelle und die gefüllten Tortellini, Ravioli oder Cappellini, könnten tatsächlich aus der Emilia-Romagna stammen, wie viele behaupten. So vielfältig ist hier ihr Erscheinungsbild und so fantasievoll ihre Füllung und die dazugehörige Soße. Möglichst viele Varianten probieren!

Fische und Meeresfrüchte

An der Adria sollten Sie unbedingt Fisch essen, denn frischer und vielfältiger als hier wird er am Mittelmeer kaum serviert. Wer in ein ordentliches Restaurant geht oder in eine typische Familien-Trattoria, wird an der Küste in erster Linie den Fang aus dem Meer angeboten bekommen. Die Fisch-Arie fängt bei den Vorspeisen an, den Antipasti di Mare: sauer eingelegte Sardinen nach venezianischer Art (Sarde in saor), überbackene Venus- und Miesmuscheln, nur kurz abgebrühte Meeresspinnen und Garnelen, mit einem Hauch Olivenöl und Zitrone beträufelt, oder würziger Salat aus Fischen und Meeresfrüchten, Zwiebeln, Tomaten und Bleichsellerie. Als Pasta-Gang steht mit Vorliebe Spaghetti allo Scoglio auf der Karte, was so viel heißt wie „vom Fels", damit sind Meeresfrüchte gemeint. Mindestens einmal während des Urlaubs müssen Sie eine gemischte Fischplatte (Grigliata di Pesce) bestellen. Nur so kann man sich durch die Vielfalt der angebotenen Meerestiere essen: zum Beispiel Seeteufel (Coda di Rospo), Steinbutt (Rombo), Goldbrasse (Orata) oder Seezunge (Sogliola). Zum Fisch serviert man oft kleine weiße oder gelbliche, über Holzglut gebratene Maisschnitten, die klassische Polenta.

Fleisch vom Holzofengrill

In den Hügeln, kaum zehn Kilometer von der Küste entfernt, stehen vor allem deftige Fleischgerichte auf der Speisekarte. Da wird nicht viel Aufhebens gemacht mit langem Kochen – außer bei zartem Zicklein, Milchlamm oder Spanferkel aus dem Backofen –, sondern alles einfach auf dem Holzkohlengrill ordentlich durchgebraten: dicke frische Würste, Schweine- und Kalbskoteletts, Hähnchen- und Kaninchenteile. Auch auf ein saftiges Steak „al sangue", noch blutig, verstehen sich die „fleischbetonten" Romagnoli. Wild wird gerne geschmort gegessen, oft mit Steinpilzen, die Kenner sich auch extra in zarter Butter braten oder auf den Grill legen lassen.

Nachtisch: Käse und Nüsse

Nicht nur Süßes wird als Nachtisch serviert (dieses dafür recht schwer wie das allseits bekannte Tiramisu), sondern auch Käse – und dazu frisches Obst der Saison und (ab Herbst) Nüsse, an denen man länger knabbern kann. An der heißen Küste werden Obstsalat (Macedonia) und Eis (Gelato) bevorzugt, Letzteres in einer unendlichen Vielfalt, die nicht nur Kinderherzen höher schlagen lässt.

KINDERFREUNDLICHE STRÄNDE

250 Kilometer Strände

Die obere und mittlere Adria von der Inselstadt Grado (Friaul-Julisch Venetien) über den Lido di Jesolo (Venetien) bis Cattolica (Emilia-Romagna) an der Grenze zu den Marken ist klassisches Urlaubsland. Fast die ganze Strecke ist mit feinen Sandstränden gesegnet, und überall fallen die Ufer sanft ins Wasser ab, also ideal für Familien mit kleinen Kindern. Um wirklich ungetrübte Badefreuden zu garantieren und das Baden im Meer sicher zu machen, haben die Verantwortlichen viel Mühe und Geld investiert: Etwa alle 150 Meter wacht ein Bagnino, ein Bademeister, auf seinem Hochsitz (siehe Kasten S. 11). An der romagnolischen Küste werden sogar vierbeinige Rettungsschwimmer eingesetzt: Große Neufundländer sind speziell dafür ausgebildet, Schwimmer zurückzuholen, die sich zu viel zugemutet haben (siehe Kasten S. 20).
Für Autofahrer: Die Strecke von Chioggia südwärts bis Cattolica ist durch die SS 309 erschlossen. Von dort gehen Nebenstraßen zu den überwiegend gut ausgeschilderten Stränden ab. Wenn die Anfahrt zu dem jeweiligen Strand nicht eindeutig ausgewiesen ist, wird sie im Folgenden gesondert beschrieben.

Note sehr gut bis gut

Nach anfänglicher Skepsis bemühen sich jetzt auch die Adria-Badeorte um das Qualitätssymbol der von Brüssel initiierten „Blauen Europa-Flagge", die an den Stränden ausgehängt wird (siehe Kasten S. 19). Zusätzlich kontrolliert die Legambiente, Italiens grüne Initiative, mit dem Laborschiff „Golettaverde" die Strände auf Verunreinigung durch gesundheitsschädliche Bakterien, Sauberkeit des Strandes, Umwelt, Unterkünfte und Restaurants, kulturelle Werte sowie behindertengerechte Einrichtung (siehe Kasten S. 25). Die Ergebnisse finden Sie im Informationsteil zu den einzelnen Stränden, es werden nur die Spitzenwerte und die Badeorte aufgeführt, die schlecht abgeschnitten haben. Alle anderen liegen im Durchschnitt. In der Gesamtbeurteilung hat kein Badeort die Höchstnote von vier oder fünf Segeln erhalten. Aktuelle Ergebnisse erhalten ADAC-Mitglieder über Internet und Telefon (siehe Kasten S. 19). Zur Beruhigung ängstlicher Eltern kann gesagt werden, dass die italienischen Grenzwerte für mikrobiologische Parameter wesentlich strenger sind als die Richtlinien der EU. So werden an der Adria wesentlich häufiger Badeverbote verhängt als in anderen europäischen Ländern. Kommt eine aktuelle Belastung vor, etwa Verschmutzung nach Regen, wird sofort in den Medien berichtet, und es werden an den betroffenen Stränden Badeverbotstafeln aufgestellt. Nach mehreren Messungen ohne Beanstandung wird das Badeverbot wieder aufgehoben.

Grado, Lignano, Bibione, Caorle

Die Inselstadt **Grado** bietet einen drei Kilometer langen Hauptstrand und einen kleineren, aber bis 300 Meter breiten Weststrand. Besonderer Anziehungspunkt ist der Thermalwasserpark mit einem 85-Meter-Meerwasser-Pool, künstlichen Wasserfällen, einem Gegenstrom-Schwimmkanal, einer Panorama-Terrasse mit Whirlpool, Trampolinen und Wasserrutschen. Für die Kleinsten ist im

Für die ersten Schwimmversuche sind die flach abfallenden Strände ideal

Babyclub mit Animation gesorgt, Sportfans finden Gelegenheit zum Windsurfen und Wasserskifahren. Außerdem ist ein 18-Loch-Golfplatz vorhanden.

Wasser und Strand o.k.?

Die von Brüssel initiierte Untersuchung umfasst Wasserqualität, Umwelterziehung vor Ort (Schule, Vorträge, Plakate etc.) sowie die Sicherheitsüberwachung am Strand und das Vorhandensein sanitärer Einrichtungen. Wer gut abschneidet, darf die Blaue Flagge mit aktueller Jahresangabe an den Strand hängen. Das Laborschiff der grünen Legambiente, die „Golettaverde", untersucht die Wasserqualität und das Ambiente der Badeorte. Das Gesamturteil wird mit Segeln gekennzeichnet, es gibt ein bis fünf Segel. Aktuelle Informationen des ADAC: www.adac.de/reiseservice/Wetter_aktuelles/badegewässer oder per Telefon 0180-510 11 12.

Hochburg der Funparks

Die acht Kilometer lange Halbinsel **Lignano** bietet drei 80 bis 150 Meter breite Sandstrände: Lignano Sabbiadoro, Lignano Pineta – von einem dichten Pinienwald eingerahmt – und Lignano Riviera. Aktivurlauber finden Tretboote, Segelboote und alles zum Windsurfen. Viel Spaß garantieren mehrere Vergnügungsparks, ein Papageien-Park und ein Zoo, in dem 1.500 Tiere aus der ganzen Welt zu bewundern sind (siehe S. 87).

Vierbeiner als Lebensretter

Neufundländer sind nicht nur die idealen Familienhunde, sondern können dank ihres ausgeprägten Schutztriebs sogar zum Lebensretter werden! Entstanden ist die Rasse durch die Kreuzung von Indianerhunden, norwegischen Bärenhunden und englischen Fleischerhunden. Aber warum springt der Neufundländer so mutig ins Wasser, um Menschen zu retten? Er hat es bei den Fischern in Newfoundland (Neufundland, daher auch der Name der Hunderasse) gelernt: Die Hunde halfen, die Fischernetze an Land zu ziehen.

Strand für Selbstversorger

Das rein für touristische Zwecke entworfene **Bibione** mit schattigen Alleen im Zentrum lockt mit acht Kilometern Sandstrand. Es ist aus mehreren Fischerinseln zusammengewachsen. Direkt hinter dem Strand erstreckt sich eine sterile Hotelreihe. Im Westen gibt es ein paar Haine mit schattigen Pinien. Der mit 250 bis 450 Metern vergleichsweise breite Strand bietet viel Freiraum für Gäste, die ihre Liegen und Schirme selbst mitbringen. Surfen, Segeln und Wasserski, Bootsschulen und Paragliding lassen am Strand keine Langeweile aufkommen. Außerdem gibt es ein Thermalbad.

Besonders kinderfreundlich

Die am Rande der Altstadt von **Caorle** liegenden Sandstrände Spiaggia di Levante und Spiaggia di Ponente, bis zu 400 Meter breit, sind dicht mit Hotelreihen verbaut. Schöner ist die Spiaggia di Levante im östlichen Teil. Über 400 Meter reicht Erwachsenen das Wasser nur bis zum Knie. Bei untergehender Sonne lädt die Promenade mit Blick auf die alte Fischerkirche Madonna dell' Angelo zu einem romantischen Spaziergang ein. Der Blick auf die Adria scheint hier grenzenlos. Direkt am Meer, entlang der Promenade liegen riesige Steinbrocken, die von Künstlern aus aller Welt bearbeitet wurden. Suchen Sie ein aufgeschlagenes Buch, finden Sie die Riesenhand oder nehmen Sie Platz im steinernen Stuhl. Eine wundervolle Kunstausstellung auf der – nicht nur – Kinder herumklettern können. Im Südwesten liegt Porto Santa Margherita mit nur schmalem Strand, aber großem Sporthafen (800 Liegeplätze), danach folgt das moderne Duna Verde mit vielen Hochhäusern und seinen typischen Bagni.

Thermalwasserpark Grado: *Eintritt inkl. Liege Tag/Nachmittag Erw. € 12/9, Kinder bis 12 J. € 9/7, bis 6 J. frei, nur Strand € 2/1 (Kinder 7-12 J.).*
Anfahrt Bibione: *auf der SS14 über Portogruaro nach San Michele al Tagliamento, dann südwärts; auch wenn es manche Karten noch nicht zeigen: eine Brücke über den Tagliamento ist die direkte Verbindung nach Lignano.*
Caorle: *auf der Autobahn A4 Abfahrt San Stino di Livenza, dann südwärts.*
Wasser- und Strand-Werte: *für alle beschriebenen Strände Blaue Europa-Flagge; Legambiente: behindertengerechte Einrichtungen.*

Eraclea Mare, Lido di Jesolo und Litorale del Cavallino

Von Pinien verdeckt, öffnet sich der sanft abfallende Sandstrand von **Eraclea Mare.** Dünen und Tamarisken gestalten das Bild auf einer Länge von drei Kilometern. Im Pinienwald gibt es einen Trimm-dich-Pfad, am Wasser Beachvolleyball, Surfen und Segeln. Der **Lido di Jesolo** ist ein beliebter und entsprechend turbulenter Badestrand von etwa 15 Kilometern Länge. Die touristischen Zentren Pineta, Centro und Faro haben einen schönen, bis hundert Meter breiten Strand. Sportliche Aktivitäten: alle Arten von Wassersport, in der Play Village Ballsport und Skating. Zwischen Meeresküste und der Laguna Veneta liegt die ab Lido di Jesolo fast 20 Kilometer lange Halbinsel **Litorale del Cavallino** mit 15 Kilometern Sandstrand. Für Radfahrer und Wanderer gibt es mit Schilf bedeckte Fischerhütten und viele Arten von Seevögeln. 23 Campingplätze.

Anfahrt Eraclea Mare: *auf der A4 Abfahrt Noventa di Piave, südöstlich über San Dona di Piave und Eraclea ans Meer.*
Lido di Jesolo: *wie Eraclea, von dort südwärts über Jesolo ans Meer.*
Litorale del Cavallino: *wie Eraclea, dann über Jesolo Richtung Westen auf die Halbinsel.*
Wasser- und Strand-Werte: *für alle Strände Blaue Europa-Flagge; Legambiente Eraclea Mare: 4 Sterne für Umweltqualität, 3 Strahlen für den Service, behindertengerechte Einrichtungen; Litorale del Cavallino-Treporti: 3 Sterne für Umweltqualität, behindertengerechte Einrichtungen.*

Oft können Eltern und Kinder lange durchs knietiefe Wasser waten, bis es tief wird

Lido di Venezia, Litorale di Pellestrina und Sottomarina

Gegenüber der Stadt Venedig erstreckt sich der zwölf Kilometer lange, selten volle Sandstreifen, den die Venezianer einfach **Lido** (Strand) nennen. Hinter der Hotelstadt liegen die mit Dünen und Salzpflanzen geschmückten Strände. Durch eine kleine Wasserstraße getrennt, folgt ein zweiter, elf Kilometer langer Sandstreifen, der **Litorale (Küste) di Pellestrina**. Eine Insel für Radfahrer und Wanderer.

Der Lido di Venezia heißt bei den Venezianern einfach nur Lido

Einige Frauen beherrschen noch die Kunst des Klöppelns. Die Insel ist von Chioggia und vom Porto di Malamocco (Lido) auch mit öffentlichen Verkehrsmitteln zu erreichen.

Der Strand von **Sottomarina** bei Chioggia bildet quasi die Fortsetzung von Lido und Pellestrina: zehn Kilometer sanft abfallender Sandstrand, bis 300 Meter breit, zwischen den Mündungen von Brenta und Etsch. Auch der Strand von Isola Verde gehört in diesen Bereich. Der Sand ist hier an Mineralien besonders reich und somit für Sandkuren geeignet.

Anfahrt Lido di Venezia: *entweder nach Venedig bis Tronchetto, von dort mit der Autofähre zum Lido oder über Jesolo nach Cavallino und von dort mit der Autofähre übersetzen.*
Sottomarina: *ab Padua über die SS516 nach Piove di Sacco, dann über die SS309 nach Chioggia, von dort zum Strand.*
Wasser- und Strand-Werte: *Lido di Venezia Blaue Europa-Flagge; Legambiente: 3 Wellen (max.) für Sauberkeit von Meer und Strand, 3 Strahlen für Strandservice, gute Leistungen für Umweltschutz und Energiefreundlichkeit, behindertengerechte Einrichtungen;*
Pellestrina: Legambiente Strandempfehlung;
Sottomarina (Chioggia): Legambiente 4 Strahlen für Strandservice, behindertengerechte Einrichtungen.

Zwei Strandnixen, ganz vertieft ins Spiel mit Wasser und Sand

Rosolina Mare und Isola Albarella

Mitten im Wasserland zwischen den Mündungen von Etsch und Po liegt **Rosolina Mare** auf einer schmalen Landzunge, begrenzt von Meer und Lagunengebiet. Der Sandstrand ist über zwölf Kilometer lang und bis 300 Meter breit mit Dünen und Steineichen. Die zu zwei Drittel mit Wald bedeckte **Isola Albarella** ist durch eine Wasserstraße von Rosolina Mare getrennt. Viel Grün, Villen und schicke Ferienhäuser charakterisieren die elitäre Ferieninsel. Der Sandstrand ist 2,5 Kilometer lang und bis zu 250 Meter breit. Für die Kinder gibt's mehrere Pools, außerdem Golf (18 Löcher), Tennis, Reiten, Segeln. Das Auto dient nur der Anreise, man fährt mit der Inselbahn oder dem Fahrrad. Velos können gemietet werden, auch Kinderfahrräder mit Kindersitzen.

Anfahrt Rosolina Mare: *wie Sottomarina bei Chioggia (s.o.), dann südwärts.*
Isola Albarella: *von Rosolina Mare über die Provinzstraße Richtung Insel.*
Wasser- und Strand-Werte: *Rosolina Mare Legambiente behindertengerechte Einrichtungen;*
Isola Albarella: keine Beurteilungen.

Vom Lido di Volano bis zum Lido di Spina

Der 25 Kilometer lange Sandstrand rund um Comacchio beginnt gleich am Ende des Veneto mit dem **Lido di Volano**. Der an Pinien reiche Badeort liegt zwischen den Wassergebieten Sacca di Goro und Valle Bertuzzi. Vogelbeobachter finden in diesem Naturparadies Erfüllung. Wer Abwechslung sucht, unternimmt Bootsfahrten auf Kanälen und Lagunen, geht segeln oder Kanu fahren. Kinderspielplätze, Wasserrutschen und vor allem der sanft ins Wasser abfallende Strand (bis zu 200 Meter breit) machen das

Höhepunkt für Fischfans

Freunde köstlich frischer Fischgerichte sollten Porto Garibaldi ansteuern. Hier sind ganze Straßenzüge mit Fischrestaurants bestückt, z.B. die Via dei Mille. Besonders empfehlenswert: ***Da Pericle****, Nr. 205, Tel. 0533-32 73 14, günstig;* ***Bagno Sole****, Nr. 28, Tel. 0533-32 79 24, und* ***Europa****, Nr. 8, Tel. 0533-32 73 62, Fr geschl. Ein Tipp für Lido di Spina:* ***Aroldo****, Viale delle Acacie 26, Tel. 0533-33 09 48.*

An so einem perfekt ausgestattetem Strand kommt garantiert keine Langeweile auf

Gebiet besonders für Familien attraktiv. Der Strand des **Lido delle Nazioni** leidet etwas unter Strömungen, die Sand abbauen. Sportmöglichkeiten: Segelschule, Kanu, Reitställe.
Direkt nebeneinander liegen **Lido di Pomposa** und **Lido degli Scacchi**, familiäre Orte mit vielen Spielplätzen, Spielzimmern und Karussells. Der Strand ist leicht abfallend und am Lido di Pomposa nur etwa 40 Meter breit. Fischfans besuchen den Fischerort Porto Garibaldi mit seinen hervorragenden Fischrestaurants. Südlich von Porto Garibaldi folgen die **Lidi degli Estensi** und **di Spina**. Der Lido degli Estensi ist recht lebhaft mit vielen Nachtlokalen und Geschäften sowie einer Marina mit Platz für 300 Boote. Der Lido di Spina hingegegen ist mondäner, die Villen der VIPs sind in Pinienhainen versteckt, der Strand ist mehr als 200 Meter breit; Segeln und Kanu fahren ist auch hier möglich.

Segel, Sterne, Strahlen & Wellen ....

Mit maximal fünf Segeln belohnt Legambiente den Gesamteindruck des Badeortes. Gibt es nur ein Segel, muss vieles noch verbessert werden. Die Sterne (1-5) beurteilen die Umweltqualität sowie die Schönheit von Landschaft, Strand und Badeort (Ambiente). Maximal fünf Strahlen gibt es für den Service, dazu gehören Freundlichkeit des Personals, Müll- und Abwasserbeseitigung (Accoglienza). Sauberkeit von Meer und Strand, kein Gedränge und viel Sicherheit bringen maximal drei Wellen.

Vorsicht, Langfinger!

Auch an der Adria, und wirkt der Urlaubsort noch so gemütlich, muss vor Dieben gewarnt werden. Vor allem in der Feriensaison treffen sich Langfinger aus aller Herren Länder dort, wo Urlauber in Massen auftreten. Im Gedränge also besonders auf Handtasche und Portemonnaie achten! In keinem Fall sollte man wertvolle Gegenstände im Auto lassen, auch ein verschlossener Kofferraum bietet keine Sicherheit. Wählt man bewachte Garagen, müssen diese versichert sein, sonst gibt es keine Haftung. Die Garagen in Hotels sind am sichersten. Kein Hotelier möchte seine Gäste verärgern, man trifft also entsprechende Vorsorge.

Anfahrt: *Der schnellste Weg von Norden führt über die A4 Verona-Vicenza-Padua, dann über die SS516 nach Chioggia und über die SS309 südwärts.*
Wasser- und Strand-Werte: *Lidi di Comacchio Blaue Europa-Flagge;. Legambiente: 3 Sterne für Umweltqualität;*
Empfehlung für die Strände von Volano, Ancona di Bellocchio, Marina Romea, Porto Corsini, Ex Colonia CRI und Ex Colonia Varese.

Von Casalborsetti über Lido di Ravenna bis Classe und Savio

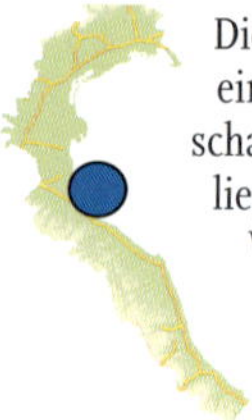

Die 36 Strandkilometer sind in eine abwechslungsreiche Landschaft eingebettet: **Casalborsetti** liegt am südlichen Ende der Valli di Comacchio, dann erstrecken sich Süß- und Brackwasserteiche über eine ausgedehnte Ebene, gefolgt von Wein- und Obstgärten. Die Strände fallen durchweg sanft ab, sind aber unterschiedlich breit, an der **Marina di Ravenna** etwa hundert Meter, am **Lido di Savio** teils nur 40 Meter. Das Angebot für einen abwechslungsreichen Urlaub ist groß: In Marina di Ravenna ist Segeln und Windsurfen möglich. Im Hinterland der Lidi di Classe und di Savio bietet der Themenpark Mirabilandia Freizeitvergnügen total (siehe S. 95).

Wasser- und Strand-Werte: *Blaue Europa-Flagge für die Lidi Ravenati; Legambiente: 3 Strahlen für Strandservice, behindertengerechte Einrichtungen.*

Rund um Cervia

Milano Marittima ist ein eleganter Badeort. Grünflächen, breite Alleen und schicke Boutiquen zeichnen das Bild der Gartenstadt. Der mehr als hundert Meter breite Strand fällt sanft ab. Sport: Windsurfen, Segeln, Wasserski und Jetski, Tauchschule und 18-Loch-Golfplatz. Die Badeplätze **Pinarella** und **Tagliata** südlich von Cervia bieten alles für einen eher ruhigen Badeurlaub. Eine Überraschung für Cervia und Umgebung: 208 Bocciabahnen. Und: Alle Strände haben schöne Kinderspielplätze. Die Gesamtlänge des Strandes rund um Cervia beträgt zehn Kilometer, hier gibt es elf Schwimmschulen. Auf kleinen Wasserläufen kann man

Der Hafen von Cervia bei Nacht

Zu Gast bei Fischern

*Cervias Fischer treffen sich beim **Circolo Pescatori** Cervia am Hafen. Im urigen, mit bunten Segeln ausgemalten Restaurant **La Pantofla** sind Gäste herzlich willkommen. Die preiswerten Fischgerichte schmecken hier am besten, weil Fische und Meeresfrüchte am Morgen nach dem Fang direkt geliefert werden (Via Nazario Sauro 1, Tel. 0544-97 38 89, mittags und abends, Di geschl.).*

Kanu und Kajak fahren. Der sicherste Touristenhafen der Adriaküste verfügt über tausend Anlegeplätze. Sportangler finden in der Umgebung vier Seen.

Wasser- und Strand-Werte:
Cervia Blaue Europa-Flagge; Legambiente: 3 Strahlen für den Strandservice, 3 Sterne für die Umweltqualität, Lob für den Umweltschutz und die Energiefreundlichkeit; behindertengerechte Einrichtungen. Empfehlung wurden ausgesprochen für die Strände in Spiaggia della Pinarella.

Zwischen Cesenatico und Bellaria-Igea Marina

An der sieben Kilometer langen Strandstrecke von Cesenatico liegt im Norden das Strandbad **Zadina**, nach Süden folgen die Badeplätze **Valverde** und **Villamarina**. Sport: Segeln, Windsurfen, Wasserski, Jetski oder Tauchen. In den weiter südlich liegenden kleinen Badeorten **Gatteo**, **Savignano** und **San Mauro** geht es ruhig zu, sind die Strände klein und nur 750, 200 und 650 Meter lang. Sport: in Gatteo Mare Wasserski und Jetski, in San Mauro windsurfen und segeln. Die beiden Orte **Bellaria** und **Igea Marina** sind zusammengewachsen und haben sieben Kilometer Sandstrand, durchweg mit flachem Einstieg. Viel Atmosphäre durch den lebhafte Kanalhafen und in Bellaria durch Platanen-Alleen. Sport: Wasserski, Jetski, Segeln, Windsurfen und Tauchen. Einen Miniclub mit Aktivitäten und Spielen am Strand gibt es in Cesenatico (Bagno Marconi) und in Gatteo a Mare.

Wasser- und Strand-Werte:
Cesenatico Blaue Europa-Flagge; Legambiente: 3 Strahlen für Strandservice, 3 Sterne für Umweltqualität, Lob für Umweltschutz und Energiefreundlichkeit, behindertengerechte Einrichtungen; Empfehlung für den freien Strand von Cesenatico.
San Mauro: Blaue Europa-Flagge.
Bellaria-Igea Marina: von Legambiente Lob für Umweltschutz und behindertengerechte Einrichtungen.

Rimini

Der Ort hat Weltruf. Seit 1843 gibt es in Rimini Badetourismus. 50 Jahre später wurde das Grand Hotel d'Italia gebaut, an das sich Fellini in seinem Film „Amacord" (im Dialekt: Ich erinnere mich) nostalgisch erinnert.

Die 15 Kilometer Sandstrand sind fast nahtlos von den Bagni besetzt, Stammkunden haben ihre festen Badehäuschen, Liegen und Schirme. Am Abend verwandelt sich die Bademetropole dann in eine spektakuläre Freilichtbühne, man zeigt sich in seinen gewagtesten Roben, Straßen und Gassen werden von lauter Musik aus Bars und Kneipen berieselt, die ganze Nacht wird gezecht und gelacht. Doch Rimini bietet auch kulturelle Denkmäler. Einen Tag sollte sich die Familie einmal freinehmen und einen Besuch der historischen

Der Uhrturm auf der Piazza Tre Martiri zeigt auch Tage und Mondphasen an

Riminis schöne Altstadt

Rimini ohne Altstadtbummel wäre eine halbe Sache. Den Arco d'Augusto aus der Römerzeit (27 v. Chr.) muss man sehen, den Corso d'Augusto hochschlendern, mit einem Abstecher über die Via IV Novembre zum Tempio Malatestiano. In der romanisch-gotischen Franziskanerkirche gibt es u.a. sehenswerte Gemälde und die Cappella di Isotta, das Grabmal von Sigismondos dritter Frau – die beiden ersten brachte der Fürst um. Dann geht es zur Piazza Cavour mit der Fontana della Pigna, umrahmt von Palästen und der Pescheria, der alten Fischhalle. Danach hoch zur Piazza Malatesta mit dem inzwischen restaurierten Castel Sigismondo mit vielen Erinnerungen an den großen Fürsten der Renaissance, an Sigismondo Pandolfo (1417-1468). Geöffnet ist es zu Ausstellungen, durchgehende Öffnung geplant.

Typisch für Rimini und Riccione sind die gebührenpflichtigen Bagni

Altstadt einplanen (siehe Kasten S. 28). Sport: zehn Schulen für Wasserski und Jetski, vier Tauchzentren, ein 18-Loch-Golfplatz, 27 Fahrrad-Verleihstationen sowie elf Rollschuhbahnen. Unterhaltung bieten ein Delfinarium, in Rivazzura der Märchenpark New Fiabilandia (siehe S. 96) sowie sieben Ausflugsboote. In allen Badeanstalten gibt es Miniclubs für die kleinsten Badegäste.

Wasser- und Strand-Werte:
Blaue Europa-Flagge;
Legambiente: 4 Strahlen für Strandservice, Lob gab es für vorbildlichen Umweltschutz und Energiefreundlichkeit sowie für die behindertengerechten Einrichtungen.

Eisfans, Achtung in Rimini!

Bloß nicht an der legendären ***Gelateria Marselli*** *vorbeigehen, sonst verpasst Ihr das beste Eis der Stadt, sowohl Sahne- als auch Fruchteis. Eistorten gibt es hier und Halbgefrorenes namens „Arlecchino", das bedeutet Harlekin. Man verlangt „Semifreddo" und sagt dazu die Geschmacksvariante: Nocciola (Nuss), Cioccolato (Schokolade), Zabaione (Zabaione) oder Panna (Sahne). Via Tripoli 110, südöstl. vom Arco d'Augusto.*

Von Riccione bis Cattolica

Die Sonnensegel der 150 Strandbäder, die sich die sechs Kilometer Sandstrand teilen, prägen das Bild der „grünen Perle der Adria". **Riccione** ist bevorzugter Treff der Jugendlichen, die cool gestylt auf dem Viale Ceccarini flanieren. Danach geht es in eine der neun Diskotheken, 180 Restaurants und Bars sowie 15 Pubs. Sport: drei Tauchzentren, zwei Schulen für Wasserski und Jetski. Wassernarren haben Spaß in den Aquaparks oder im an Attraktionen reichen Oltremare mit Delfin-Show. Etwas ruhiger geht es am drei Kilometer langen Strand von **Misano Adriatico** zu, das wegen der nahen Autorennbahn von Santa Monica bekannt ist. Sport: Schule für Wasserski und Jetski.
Der drei Kilometer lange, etwas schmale Sandstrand von **Cattolica** wird wegen seiner relativ windstillen Lage geschätzt. Die Bucht wird im Osten von senkrecht ins Meer abfallenden Klippen des Vorgebirges von Gabicce (Naturpark San Bartolo, siehe S. 80) geschützt. Der reizvolle Fischerhafen hat mit dem Meerespark Acquario di Cattolica (Le Navi) eine ganz besondere Attraktion erhalten. Sport: drei Schulen für Wasserski und Jetski. In den Badeanstalten der drei Badeorte gibt es Miniclubs.

Wasser- und Strand-Werte:
Riccione Legambiente vergibt 4 Strahlen für Service, Lob für Umweltschutz und Energiefreundlichkeit, behindertengerechte Einrichtungen.
Misano Adriatico: Blaue Europa-Flagge; Legambiente: behindertengerechte Einrichtungen.
Cattolica: Blaue Europa-Flagge; Legambiente: 3 Strahlen für Strandservice, behindertengerechte Einrichtungen.

Abendstimmung in Misano Adriatico – ab hier wird der Strand etwas schmaler

ZEHN TOUREN, DIE ALLEN SPASS MACHEN

Tour 1: Vom Fischerhafen zum Mosaikwunder und nach Marano

Grado • Aquileia • Marano

Wo: zwischen Venedig und Triest – Wie: mit dem Auto oder per Boot – Dauer: Halbtagesausflug – Nicht vergessen: Windjacke für die Bootsfahrt, Kühltasche für den Fischeinkauf

Die Fischerei ist bis heute ein wichtiger Wirtschaftsfaktor der Lagunenstädte Grado und Marano und so zeigen sich die in der Stadt liegenden Häfen als lebhafte, bunte Sehenswürdigkeit. Die Becken sind durch einen Einfahrtskanal mit der Lagune oder dem Meer verbunden. Sie sind auch Ausgangspunkt für einen Bummel durch die Hafenorte. Nach dem Besuch von **Grados Altstadt** geht es zur römischen Gründung Aquileia. Auf jeden Fall sollte der **Basilika** mit ihren unübertroffen schönen Mosaiken ein Besuch abgestattet werden.

Am besten, Sie lassen sich per Boot durch die Lagune und über den Fluss Natissa mitten ins Zentrum von Aquileia schippern. Die Bootstour durch die benachbarte **Lagune von Marano** beginnt in Lignano Sabbiadoro mit Stopp in Marano Lagunare.

Einzug der Adriafischer

Zweimal am Tag, morgens um acht und am Nachmittag zwischen zwei und drei Uhr, kommen die bunt bemalten Fischerboote mit ihren Fängen vom Adriatischen Meer in den Häfen von Grado und Marano zurück. Dann wird in Körben und Kisten, teils noch in den Netzen hängend, die Ernte des Meeres ausgeladen. Schon stehen die Transporteure der am Hafenende liegenden Großmarkthalle bereit. Die Vielfalt des Fischangebots ist beeindruckend: Steinbutt, Rotbarben, Flundern, Thunfisch, Meeresspinnen und Muscheln aller Art sind zu bewundern. Wenn der Fang ausgeladen ist, werden die Boote gereinigt, die Netze sauber gemacht und bei Bedarf an der Kaimauer geflickt – ein romantisches Fotomotiv für Urlauber.

Eiskalter Tipp für Leckermäuler

Das beste Eis und die größte Auswahl – bis zu 40 Sorten – finden Freunde der eisigen Köstlichkeit beim Grado-Bummel in der Via Dante Alighieri auf dem Weg zum Eingang des Hauptstrandes. Vier Adressen zum Merken: ***Gradito*** *(Nr. 23),* ***al Corso*** *(Nr. 27),* ***Cristallo*** *(Nr. 35) und* ***Il Gelataio*** *(Nr. 44). Die Kugel kostet üblicherweise € 1. Eine gute Adresse für Kaffee, Eis und Panini ist die Bar* ***Corbatto*** *in der Via Orseolo 10, einer Abzweigung vom Campo Porta Nuova.*

Auf den Spuren der römischen Festung

Der **Fischerhafen von Grado** ist Startpunkt für einen abwechslungsreichen Bummel durch das historische Zentrum. [Azienda di Promozione Turistica, Viale Dante 72, Tel. 0431-87 71 11, info.grado@turismo.fvg.it, www.turismofvg.it.]
Gleich südlich der großen Piazza verweist der Campiello della Torre (Kleiner Turmplatz) auf Historisches: Ein vieleckiger Turm an der Ecke gab dem Platz seinen Namen. Der Rundgang geht hinter dem Campiello durch kleine Gässchen zur Piazza Duca d'Aosta, die mehr eine breite Straße als ein Platz ist. Dort wo die Piazza Duca d'Aosta in die Via Gradenigo übergeht, steht auf der linken Seite ein Komplex, an dessen beiden Enden trotz Umbauten je ein rechteckiger Turm des Castrums zu erkennen ist.

Zu edlen Basiliken

Vor dem ersten Turm öffnet sich links der Campo dei Patriarchi mit Grados wichtigsten Gotteshäusern. [Basilica di Sant'Eufemia und Santa Maria della Grazie, Campo dei Patriarchi s/n, Grado. Sommer tägl. 7-22.30, Winter 7-19 Uhr. Eintritt frei] Die Front von **Santa Maria della Grazie** (5. bis 6. Jh.) weist eine Eigentümlichkeit auf. Wer entdeckt sie als Erster? Die Türen links und rechts des Portals liegen mehr als einen Meter über der alten Schwellenebene. Das liegt daran, dass diese Türen erst später eingebaut wurden, als der Boden sich durch Schuttablagerungen erhöht hatte. Seit in den 1920er-Jahren der ursprüngliche Zustand des Grunds wiederhergestellt wurde, hängen die Seitentüren in der Luft. Das Hauptportal hat man mit einer

Zwei Inseln, getrennt durch den Canale della Schiusa, bilden die Stadt Grado

Treppe zugänglich gemacht. Zusammen mit dem schmückenden dreibogigen Fenster erhielt die Fassade so ein neues Gesicht. Im dreischiffigen Innenraum lässt sich die architektonische Eleganz des Baus bewundern, zum Beispiel die zwei Säulenpaare, die auf die hohe Apsis aus Ziegelstein zuführen. Dort steht ein von Säulen gestützter, graziler Altar. Wer scharf nach rechts schaut, entdeckt auf der ersten Säule ein spätrömisches Kapitell.
Nächstes Ziel ist das **Baptisterium**, auf das ein von Sarkophagen (Ende 2. Jh.) flankierter Weg zuführt. Die Taufkapelle ist ein großes sechseckiges Becken, und

nebenan erhebt sich der im Jahr 579 vom Patriarchen Elias geweihte **Dom Sant'Eufemia**. Seine Säulen stammen aus spätrömischen Gebäuden des dritten bis fünften Jahrhunderts. Blickfang ist der Fußboden: Er ist mit geometrischen Mosaiken bedeckt. Ein breites Band mit stilisierten Meereswellen leitet den aufmerksamen Besucher vom Haupteingang bis zum Chor. Vor dem Hauptaltar zeigt ein Mosaik das Castrum, die Festung von Grado. So oder ähnlich hat sie also einmal ausgesehen. Am rechten Rand entdeckt man eine Marmorplatte mit friedlichen, an Trauben pickenden Tauben. Weniger friedlich präsentiert sich ein kriegerischer Jäger, der gerade einen Hasen aufspießt. In der Mitte der Apsis zieht ein großes Altarbild aus vergoldetem Silber (1322) den Blick auf sich. Nichts kann jedoch von der Kanzel ablenken (11. bis 14. Jh.). Wie aus Knetmasse geformt windet sich das steinerne Kunstwerk in die Höhe und führt einen erstaunlichen Stilmix vor: Zierliche römische Säulen sind mit Kapitellen aus dem Hochmittelalter kombiniert worden. Darüber wölbt sich ein Baldachin in venezianisch-maurischem Stil.

Bootsfahrt durch die Lagune

Nach den für die Kleinen manchmal zu lange dauernden Kunstbetrachtungen geht es zum **Canale della Schiusa**. Hier beginnt die Bootsfahrt durch die Lagune. [Bootsausflüge: Adriamare, Ufficio Viaggi e Turismo, Piazza Vittore Carpaccio 5, Tel. 0431-18 01 88, www.adriamareviaggi.it. Lagunentour pro Tag Erw. € 15, Kinder (4-12 J.) € 8] Hinter dem Canale di San Pietro tauchen schon Inseln mit den sogenannten Casoni auf, die ehemaligen, mit Schilf bedeckten Häuser der Lagunenfischer. Andere Inseln ragen nur knapp aus dem Wasser und schimmern in hellem Lila, wenn der Strandflieder

In solchen Hütten, Casoni genannt, lebten einst die Fischer der Lagunen

blüht (Limonium, siehe S. 119).
Über den Fluss Natissa, der in die Lagune mündet, geht die Bootstour vorbei an den Ufern, die mit Weiden, Pappeln, Zedern, Pinien, Ebereschen und rot leuchtendem Blutweiderich verziert sind, mitten hinein in das Herz von **Aquileia.** [Azienda di Promozione Turistica, Via Iulia Augusta s/n, beim Parcheggio/Busterminal, Tel. 0431-91 94 91. info.aquileia@turismo.fvg.it, www.turismofvg.it.]

Hahn und Schildkröte

Erstes Ziel ist das Mosaikenwunder der **Basilika** (313). Gleich nach Betreten der Kirche stehen Sie vor dem mehrfarbigen Mosaikteppich aus dem vierten Jahrhundert, dessen Erzählungen den Besucher lange Zeit fesseln. Rechts fällt der angriffslustige Hahn auf, Symbol für den Herold des Lichts (Christus), der gegen eine Schildkröte kämpft, Metapher für das Böse und den Herrscher der Unterwelt. Weiter oben sitzen Vögel auf Zweigen. Sie symbolisieren das ewige Leben im Paradies. Die unrühmliche Rolle der Schildkröte ist übrigens noch in der italienischen Übersetzung „Tartaruga" zu finden, was an das griechische „Tartaros" für Unterwelt erinnert. [Basilika, Piazza Capitolo s/n, tägl. 9-19 Uhr, Eintritt frei. Cripta degli Scavi, tägl. 9-19 Uhr, Erw. und Kinder ab 11 J. € 3. Campanile, tägl. 9.30-13 und 14.30-18 Uhr, Erw. € 1,20, Kinder ab 11 J. € 0,60]

Illustrierter Taufunterricht

Am oberen Ende des Bilderbuchs lernten die Gläubigen beim Taufunterricht die Glaubenslehre: Die Fischer (die zwölf Apostel) verbreiten die Botschaft des Evangeliums. Die Fischlein sind als die Menschen zu verstehen, die der Botschaft lauschen. Das Boot steht für die Kirche, die christliche Gemeinschaft. Die Legende des Jonas, der vom Walfisch verschlungen und nach drei Tagen unversehrt ausgespuckt wird, symbolisiert Christus. Ganz links in der Szene wird Jonas vom Meeresungeheuer verschluckt: Grablegung und Tod Christi. Am Ende des über die Mosaiken führenden Holzstegs rechts wird Jonas wieder ausgespien: die Auferstehung aus dem Grab. Daneben ruht Jonas unter einer Kürbislaube, Symbol für Christi Himmelfahrt. Ein paar Schritte zurück in der ersten Hälfte rechts wird Christus als guter Hirte inmitten vieler Tiere dargestellt. Die Herde steht für alle Bewohner dieser Welt, die zum Glauben eingeladen werden: Delfine, Fische, Enten, Hirsche,

Hinauf auf den Turm

Die Erwachsenen wollen meistens länger in der Kirche bleiben, um die Mosaiken zu studieren. Neugierige Kids verschaffen sich inzwischen einen Überblick über die Stadt und ihre Ausgrabungen. Es kostet nicht allzu viel Puste, den 73 Meter hohen Kirchturm zu besteigen. Aus der Höhe sind Ausgrabungen zu entdecken, beispielsweise das Forum Romanum (180 v. Chr.), dessen Säulen wieder aufgerichtet wurden. Hinterher können sie den Eltern den Weg zu den römischen Resten zeigen.

Ziegen und allerlei Vögel – ein spannendes „Suchbild", das neugierige Kinder wie Erwachsene garantiert lange fesselt.

Die Lagune von Marano

Eine Tour auf der **Lagune von Marano** ist ein ganz besonderes Naturerlebnis, vor allem wenn die Arbeit der Fischer in der Lagune, ihre Tierwelt und ihre Geschichte erzählt wird. [Azienda di Promozione Turistica, Lignano Sabbiadoro, Via Latisana 42, Tel. 0431-7 18 21, info.lignano@turismo.fvg.it, Lignano Pineta, Via dei Pini 53, Tel. 0431-42 21 69, info.lignanopineta@turismo.fvg.it] Die größte Erfahrung auf diesem Gebiet haben der

Wegweiser in den Lagunen von Grado und Marano

Kapitän und die Mannschaft des Schiffes Nuova Saturno, das seit 1969 die Inseln der Lagune anschippert. Spannend ist der Stopp auf der Muschelinsel, deren Ufer mit Muschelschalen und ausgebleichten Bäumen übersät ist. Hier kommt bei Alt und Jung Sammelleidenschaft auf, und die Fotografen suchen die bizarrsten Äste und Wurzeln, fantasievolle Gebilde der Natur, ausgebleicht von Meer und Sonne.

Wenn das Schiff in den Fluss Stella tuckert, sind alle ganz still, gilt es doch, im Röhricht der faunistischen Oase der Region Friaul-Julisch Venetien der Vogelwelt nachzuspüren. Zu sehen sind natürlich Möwen, Kormorane, Blesshühner, Schwäne, Tafel-, Stock- und Spießenten, Seidenreiher, Graugänse und viele andere gefiederte Gäste.

Auf den zahlreichen Inseln der Lagune stehen die berühmten Casoni, traditionelle Fischerhütten. Sie bestehen nur aus Schilf und Holz, thronen auf einer Insel (mòta) aus Erde und Schlamm und werden mit Steinen befestigt. Heute sind diese Hütten Wochenendhäuser. Die früher hier lebenden Fischer wohnen nun im sauber herausgeputzten Marano, das wegen des Fischmarktes, der guten Fischrestaurants und der vielen Bars eine Extra-Tour (mit dem Auto) wert ist. [Nuova Saturno, Marano Lagunare, Contrada Rialto 34, Tel. 0431-678 91, www.saturnodageremia.it, Abfahrt ab Lignano Sabbiadoro am Hafen (Darsena), Lagunentour pro Tag: Erw. € 13, Kinder (4-12 J.) € 7, Schiff „Europa", Tel. 338-606 76 20, Abfahrt ab Lignano Sabbiadoro am Hafen (Darsena), rechte Seite vorne, Lagunentour pro Tag: Erw. € 12, Kinder (4-12 J.) € 7]

Tour 2: Mit Vaporetto und zu Fuß

Venedig

Wo: im Herzen von Venedig – Wie: mit dem Vaporetto und zu Fuß – Dauer: Tagesausflug – Nicht vergessen: bequemes Schuhwerk, Kopfbedeckung, evtl. Getränke

Per Boot über den Canal Grande schippern, Tauben füttern auf dem Markusplatz, versteckte Winkel entdecken, Boote und bunte Gondeln beobachten – der Ausflug nach **Venedig** wird auch den jüngeren Städtereisenden gefallen. Wichtig: Nehmen Sie sich beim ersten Besuch diese Tour ohne die Museen, Paläste und Kirchen vor. Das nächste Mal können Sie sich dann die Highlights anschauen, wie den Markusdom, den Campanile, den Dogenpalast oder das Museo Storico Navale. Autofahrer sollten wissen, dass die Parkplätze sehr beschränkt und je näher am Zentrum umso teurer sind. Stressfreier sind da Bustouren vom Urlaubsort nach Venedig. Der Bus hält am Piazzale Roma, der Station der **Vaporetti**. Mit diesen Linienbooten startet die Erkundungstour. Die Linie 1 tuckert langsam auf dem Canal Grande entlang und hält an jeder Station. [Azienda di Promozione Turistica, Giardini Ex Reali (Linienschiff-Stopp San Marco, Richtung Piazza San Marco), 30100 Venedig; San Marco, Calle dell' Ascensione 71. Tel. 041-529 87 11, www.turismovenezia.it, Mo-Sa 9.45-15.15 Uhr, Eintritt: Wenn nicht erwähnt, ist der Eintritt für Pers. unter 18 und über 65 J. gratis. Ein Tipp: Beim Touristenamt vorher nach Sammeltickets erkundigen, gelten für mehrere Sehenswürdigkeiten]

Bootsfahrten: Günstiger mit der VENICEcard

In Venedig fährt man Boot! Damit die Tarife der Vaporetti nicht zu sehr ins Budget greifen, nutzt man am besten die ***VENICEcard blu****. Sie gilt für alle Linien und zusätzlich für die Benutzung der gebührenpflichtigen öffentlichen Toiletten. Kinder bis vier Jahre fahren gratis, die Juniorpreise gelten bis 29 Jahre. Ein Tag: Erw. € 11, Jun. € 7, 3 Tage: Erw. € 37,50, Jun. € 36,50, 7 Tage: Erw. € 58, Jun. € 57. Die VENICEcard orange gilt zudem für Museumsbesuche. Infos: www.venicecard.it.*

Handel und Wandel auf dem Wasser

Das Treiben auf der Wasserstraße erzählt vom Leben der ins Wasser gebauten Stadt, das heute vorwiegend vom Tourismus bestimmt wird. Die Vaporetti und die größeren Motonavi befördern Gäste und Einheimische in die verschiedenen Stadtteile und auf die Inseln im Süden. In den romantischen schwarzen Gondeln lassen sich Urlauber aus aller Welt durch die Kanäle staken. Wer es eilig hat, nimmt ein Wassertaxi, ein Motoscafo.

Die große Show der Paläste

Das Venedig von gestern präsentiert sich in den Palastfronten entlang des Kanals, die Glanz und Niedergang der Stadt widerspiegeln. Einige wurden für Museen hergerichtet oder in Geldinstitute und Hotels umgewandelt. Die weniger repräsentativen Gebäude dazwischen verlieren langsam ihren Putz und an ihren Fundamenten nagt ohne Unterlass das Wasser. Nur noch an den Nebenkanälen findet man Wohnhäuser, in deren Fenstern die Wäsche zum Trocknen hängt. Venedig wurde schon tausendmal der Untergang prophezeit und vielen Gebäuden sieht man die Probleme der Stadt an. Während der gemächlichen Bootsfahrt zeigen sich die positiven und die negativen Beispiele. Hinter der ersten großen Kurve steht rechts die barocke Ca' Pesaro. Zwei Museen fanden Platz: die **Galleria Internazionale d'Arte** mit Werken von Chagall, Kandinsky, Klee u.a. und das **Museo Orientale** mit fernöstlichen Sammlungen. [Ca' Pesaro, Galleria Internazionale d'Arte, Museo Orientale, Santa Croce 2070. Tägl. 10-18, Winter bis 17 Uhr. Eintritt: Erw. € 5,50] Zwei Häuser weiter folgt ein Stück Geschichte der Seemacht Venedig in der Ca' Corner della Regina: Hier wurde 1454 die Königin von Zypern, Caterina Corner, geboren, die half, Venedigs Einfluss auf der Insel zu sichern. Ein paar Meter weiter spiegelt sich die Ca' d'Oro, eines der schönsten gotischen Bauwerke, im Wasser. Die Stadt richtete hier die **Franchetti-Galerie** ein mit Werken von Tizian, Tintoretto und Giorgione. [Galleria Franchetti, hinter der Strada Nova Richtung Canal Grande, Di-So 8.15-19.15, Mo 8.15-14 Uhr, Erw. € 5, erm. € 2,50]

Obligatorisch: Tauben füttern auf der Piazza San Marco

Die romantischen Gondeln mit den berühmten Gondolieri

Bucklige Rialto-Brücke

Dort wo der **Canal Grande** sein Ende erreicht zu haben scheint, macht das Boot eine scharfe Kurve nach rechts und die bewundernden Rufe der Passagiere kündigen eines der Wahrzeichen Venedigs an, die **Rialto-Brücke**. Zuerst gab es an dieser Stelle nur eine Holzbrücke. Erst nach einem Wettbewerb erhielt der Baumeister Da Ponte 1588 den Auftrag, die Steinbrücke zu bauen.

Das bunte Treiben rund um den bis 1854 einzigen Übergang über den Kanal macht neugierig. Das Stadtviertel Rialto war das Handelszentrum der reichen Seemacht Venedig. Heute werden allerlei Souvenirs angeboten. Auf der rechten Seite mündet die Brücke in ein Marktviertel, das alle Vergleiche sprengt. Wenn am Ende dieser Tour die Zeit noch reicht, nichts wie hin: Über die Ruga dei Orefici in die Gassen mit dem Gemüsemarkt und den Bacari. Das sind Imbisse, in denen viele kleine Speisen, Spaniens Tapas ähnlich, angeboten werden. Dann geht es nach rechts zur Loggia di Pesce, der Fischhalle. Doch zunächst weiter mit dem Boot den Kanal entlang. Hinter der letzten Kurve auf der linken Seite folgt der Palazzo Grassi, ein Musterbeispiel klassizistischer Architektur (18. Jh., heute Kunstgalerie). Am Ende des Canal Grande ist Venedigs Hauptplatz erreicht.

Gestohlene Pferde und Mosaiken

Auf der **Piazza San Marco** sollten Sie sich erst einmal hinsetzen, den Menschenmassen zuschauen und die Tauben zählen. Wer sich in 98 Meter Höhe einen Überblick verschaffen möchte, besteigt den **Campanile**. [Piazza San Marco, April-Juni tägl. 9-17, Juli-Sep tägl. 9-21, Okt, Nov tägl. 9-19, Dez-März 9.30-15.45 Uhr, Eintritt: mit dem Fahrstuhl Erw. € 8, erm. € 4] Wer versucht sein sollte, sich im Caffé Florian niederzulassen, wird bei den Getränkepreisen erstarren, vor allem wenn die Musik spielt! Die Besichtigung der **Basilica di San Marco** ist eine Frage der Zeit. Meistens stehen lange Menschenschlangen vor dem Eingang. Und durchs Innere wird man schnell durchgeschleust – ein Jammer für das vollständig mit Mosaiken geschmückte Gotteshaus. Doch die Hauptfront der Kirche kann in Ruhe inspiziert werden. Auf der Galerie tänzeln die berühmten bronzenen Pferde von San Marco (Originale in der Schatzkammer). Wie so viele Schätze San Marcos waren sie für die venezianischen Kaufleute ein begehrtes Beutegut, das von einem Triumphbogen in Rom nach Konstantinopel verschleppt und dort von ihnen geraubt wurde. Der Mosaikschmuck der Hauptfassade (13. Jh., z.T. Kopien aus dem 17. Jh.) erzählt die Geschichte der Markusreliquie. Über dem äußersten linken Portal wird der Einzug der Reliquie in das Gotteshaus gezeigt. Die Gebeine des Markus ruhten in der Markuskirche von Alexandrien. Venezianische Kaufleute verbreiteten das Gerücht, der Kalif plane, die Kirche abzureißen, um sich mit den Steinen einen Palast zu bauen. Zwei Mönche ließen sich daraufhin überreden, gegen einen kleinen Obolus die Reliquie zu „retten". Um sie unbehelligt außer Landes schmuggeln zu können, legten sie die Gebeine in einen Korb unter Schinken, wohl wissend, dass die muslimischen Zöllner Schweinefleisch nicht berühren durften. So wurde Markus der Patron Venedigs. [Piazza San Marco, Mo-Sa 9.45-17, So, Fei 13-17 Uhr, Eintritt: Kirchenraum frei, Museum San Marco Erw. € 4, erm. (Schüler, Studenten) € 2, Pala d'Oro Erw. € 2, erm. € 1, Schatzkammer Erw. € 3, erm. € 1,50, Galerie Erw. € 2, erm. € 1, Kinder bis 6 J. frei]

Mächtige Löwen wachen am Portal des Arsenals

Im Osten wird die Piazzetta vom mächtigen **Palazzo Ducale**, dem **Dogenpalast** begrenzt. [Piazzetta, April-Okt 9-19, Nov-März 9-17 Uhr, Eintritt (gilt auch für vier weitere Museen): Erw. € 11, Schüler und Studenten (15-29 J.) € 5,50, Kinder (6-14 J.) € 3, unter 6 J. frei] Die filigrane Loggia im ersten Stock zieht sich um die Ecke an der Mole entlang bis zum Ponte della Paglia. Auf dieser Brücke bleiben die meisten Besucher stehen, um mit Grauen den zum Gefängnis führenden **Ponte dei Sospiri**, die **Seufzerbrücke**, zu betrachten. Durch die Fenster der geschlossenen Brücke konnten die Gefangenen mit einem tiefen Seufzer einen letzten Blick auf den Hafen werfen, ehe sie in den Folterkammern gequält wurden oder in feuchten Verliesen zitterten.

Eine Kanone und ein ungewöhnliches Maß

Auf der anderen Seite der Brücke sieht man die lange Meerespromenade Riva degli Schiavoni, Anlegeplatz der Fähren und Ausflugsboote. Hinter weiteren Brücken beginnt ein anderes Venedig mit Straßen und Gässchen, in denen noch richtig gewohnt wird, mit Geschäften und Trattorien, in denen die Preise noch stimmen. Zunächst stößt man förmlich auf das **Museo Storico Navale**. Hier lässt sich die Geschichte der ehemaligen Seemacht Venedig anhand interessanter Objekte studieren (siehe Kasten rechts).

Vor dem Museum geht nach links ein Kanal, der Rio dell'Arsenale, zum Arsenal ab, das noch vom italienischen Militär benutzt wird. Den Eingang beschützen zwei Löwen. Den linken mächtigen haben die Seeleute im Hafen von Piräus mitgehen lassen. Das Löwenpaar weiter rechts stand offenbar vor 2.600 Jahren in einem Tempel auf der griechischen Insel Delos. Wenn die Türen zum **Arsenal** offen stehen, sollten Sie einen Blick wagen: Geradeaus steht eine Kanone, links die Maße für Meter und den Passo Veneto (5 Fuß à 0,347735 Meter = 1,738674 Meter). Weiter geht die Tour zurück zum Schiffsmuseum und nach Osten über die Riva San Biagio zur wohnlichen Via Giuseppe Garibaldi. Dort läuft das Alltagsleben ab, bunte Blumen zieren die Fenster, kleine Geschäfte bieten alles an, was man täglich braucht. Die Wirte werben mit ihren preiswerten Gerichten. Am Ende der Straße geht es rechts in den schattigen Viale Garibaldi mit dem Denkmal des Freiheitshelden und weiter zu den Giardini Pubblici, den öffentlichen Gärten mit Spielplatz und Restaurant – ideal, um auszuruhen und auf das Boot zu warten. Von hier fahren die Linien 82, N und 1 über den Canal Grande zum Piazzale Roma zurück.

Galeeren, Gondeln und Gewehre

Nach Abenteuer und großer weiter Welt riecht es im Museo Storico Navale. 80 Kanonen hatte eine Galeere an Bord. Schon ihr sieben Meter langes Modell ist beeindruckend. Noch gewaltiger sind die echten Schiffe im Trockendock nebenan: Fischerboote mit farbigen Segeln, eine Staatsbarke in Gold und die „Elettra“, ein eiserner Kasten, auf dem der Nobelpreisträger Guglielmo Marconi (1874-1937) telegrafische Experimente durchführte.
Museo Storico Navale: *Castello, Campo San Biagio s/n, Mo-Fr 8.45-13.30, Sa 8.45-13 Uhr, So, Fei geschl., Erw. € 1,55, Kinder (12-16 J.) € 0,77.*

Tour 3: Padua – Stadt der Heiligen und Maler

Padua

Wo: etwa 30 km westlich von Venedig – Wie: zu Fuß, per Boot – Dauer: Tagesausflug – Nicht vergessen: Kunstführer, Einkaufskorb, Kamera

Zu mutigen Heiligen, großzügigen Mäzenen und bunten Märkten führt die Tour durch Paduas hübsche Altstadt. Bilder, Statuen und Paläste erzählen spannende Geschichten aus der Bibel und der Vergangenheit der Stadt. Auch kulinarisch präsentiert sich Padua abwechslungsreich: Von Meeresfrüchten bis Pizza reicht das Angebot. Der Weg ist übrigens buggytauglich.

Europas drittgrößter Platz

Startpunkt des Stadtbummels durch **Padua** ist der ovale **Prato della Valle** (Talwiese), Europas drittgrößter Platz – nach Moskaus Rotem Platz und der Place de la Concorde in Paris. Hier stand zur Zeit der Römer das Theater. Heute ist der Prato della Valle für Touristen wie Einheimische Treffpunkt, Marktplatz und Liegewiese in einem, eben eines der sozialen Zentren der Stadt. Venezianische Paläste und Laubengänge sowie 78 Statuen berühmter Bürger Paduas bilden den ehrwürdigen Rahmen. Wer samstags kommt, hat Glück. Denn dann verwandelt sich die „Talwiese" in einen bunten Markt. [Information I.A.T., Stazione FS, 35100 Padua, Tel. 049-875 20 77; Piazza del Santo, Tel. 049-875 30 87; Galleria Pedrocchi, Tel. 049-876 79 27, www.padovanet.it, www.turismopadova.it, Family-Card für Musei Civici, Cappella degli Scrovegni, Palazzo della Ragione u.a. Sehenswürdigkeiten, Gültigkeit 15 Tage: 2 Erw. und 2 Kinder (bis 12 J.) € 25, Padova-Card für Bus, Tram, ausgewiesene Parkplätze, 12 Sehenswürdigkeiten und Ermäßigungen, z.B. Bootsfahrt, Gültigkeit 2 Tage: 1 Erw. und 1 Kind (bis 14 J.) € 16]

Die „gefleckte Katze"

Doch dann zieht ein für diese Breiten Europas eher ungewöhnliches Bild die Aufmerksamkeit des Städtereisenden auf sich. Wer im Nordosten des Platzes einen Blick in die Via Belludi wagt, sieht „Orientalisches": Acht byzantinische Kuppeln und schlanke Glockentürmchen, die an Minarette erinnern, bilden das Dach der **Grabkirche Sant'Antonio** (ab 1232), von den Paduanern kurz Il Santo genannt. Vor dem dekorativen Hauptportal drängeln sich allzu viele Souvenirstände aneinander und verdecken fast das bronzene Reiterstandbild des **Gattamelata**, ein Werk des Renaissancemeisters Donatello (1453). Eigentlich hieß der stolze Reitersmann Erasmo da Narmi, ein venezianischer Feldherr. Weil er so schlagfest, schlagfertig, diplomatisch listig und wendig war, nannte man ihn Gattamelata, das bedeutet die „gefleckte Katze". Das Grabmal des Feldherren steht in der Wallfahrtskirche rechts von der Sakramentskapelle. [Basilica di Sant'Antonio, Piazza del Santo, Sommer 6.20-19.45, Winter 6.20-19 Uhr, Eintritt frei]

Zärtliche Verehrung des Schutzpatrons

Doch nicht der Gedenkstein des Kriegers ist das Ziel der Wallfahrer, die aus der ganzen Welt kommen, sondern die **Cappella dell'Arca del Santo**, die Grabkapelle des heiligen Antonius im linken Querschiff. Die Wände des riesigen Marmorgrabs, in dem die Gebeine des Heiligen ruhen, zeigen Szenen aus seinem Leben. Antonius (1195-1231) war ein bemerkenswerter Prediger und Friedensstifter. Sogar beim tyrannischen Ezzelino von Verona erreichte der Priester die Freilassung von politischen Gefangenen. Diese Geschichte ist die inhaltliche Verbindung zu einem berühmten Bild in der **Cappella Luca Belludi**, das links vom Hochaltar hängt. Darauf verspricht der heilige Antonius dem Franziskanerbruder Beato Luca Belludi, dass die Stadt bald von dem grausamen Ezzelino befreit sein werde. Im Hintergrund der Szene sieht man das Stadtbild Paduas mit der Antonius-Kirche.

In der von Giusto Menabuoi (gest. 1391) freskierten Kapelle ist die Kreuzigungsszene beeindruckend. Aufmerksamen Betrachtern fällt an einer Stelle etwas auf: Ein Reiter mit rotem Barett und weißer Feder passt nicht in die Szene. Es ist Francesco il Vecchio da Carrara. Während der Herrschaft der Familie Carrara (1318-1405) wurden im Stadtstaat Künstler intensiv gefördert, der Mäzen wurde deswegen hier verewigt.

Pralles Leben im Herzen der Stadt

Doch vorher ist das Leben von heute gefragt: Über die Via del Santo geht es stadteinwärts, dann nach links in die Via San Francesco. So kommen Sie zwangsläufig zur Piazza delle Erbe, dem Kräutermarkt, und zur Piazza della Frutta, dem Obstmarkt. Es ist eine Wonne, durch die Budengassen zu schlendern, denn das Angebot an Früchten und Gemüse ist unübertroffen. Hier schlägt das Herz Paduas. Sollte Mittagspause sein, sind die Kneipen und Stehimbisse

Donatello schuf das Reiterstandbild des Gattamelata

Aufmerksame kleine Zuhörer im Baptisterium

der richtige Platz, um einige der kleinen und für das Veneto typischen Schlemmereien zu genießen. Dem Geschmack der Paduaner entsprechend gibt es Meeresfrüchte, in Öl ausgebackenen Fisch oder Garnelen – köstlich! Für Kinderzungen sicher interessanter: An einigen Stellen werden auch frische Pommes frites und eine riesige Auswahl an Knabbereien angeboten: Nüsse, Kichererbsen und Kürbiskerne in allen Variationen.

Astrologisches und ein Holzpferd

Bevor Sie wohl gesättigt den Markt verlassen, sollten Sie noch dem **Palazzo della Ragione** zwischen Obst- und Kräutermarkt einen Blick schenken. Das Obergeschoss besteht aus einem einzigen Saal, das Holzgewölbe hat die Form eines umgedrehten Bootskiels. Astrologische Motive zieren den 80 Meter langen Salone. Im Gerichtssaal steht ein berühmtes überlebensgroßes Holzpferd, das früher als Modell für das Reiterstandbild des Gattamelata (siehe S. 43) galt. Tatsächlich ist es aber viel später entstanden, nämlich erst 1837. [Eingang Via VIII Febbraio, Feb-Okt 9-19, Nov-Jan 9-18 Uhr, Mo geschl., Erw. € 4, Kinder (bis 6 J.), Schüler und Studenten € 2,60]

Begegnung mit Mäzenen

Mit ein paar Schritten nach Westen über die Via Manin ist die **Piazza del Duomo** mit Dom und Baptisterium erreicht. Vor allem für das Battistero sollte man sich Zeit nehmen. Die Fresken stammen wieder einmal von Giusto Menabuoi (siehe

Anmeldung bei Giotto

Seit der Restaurierung der wertvollen Giotto-Fresken dürfen nur 25 Personen auf einmal in die Kapelle, 15 Minuten Akklimatisierung im Vorraum und 15 Minuten Besichtigung werden gestattet. Wegen dieser Reduzierung erfährt man erst bei der Voranmeldung, an welchem Tag um welche Zeit Plätze frei sind. Pünktlichkeit ist Pflicht.

Cappella degli Scrovegni: *Giardini dell'Arena, tägl. 9-19 Uhr, Erw. € 12, Kinder (6-17 J.) u. Senioren (über 65 J.) € 5, Buchung: Tel. 049-201 00 20, www.cappelladegliscrovegni.it.*

S. 43). Die Anordnung der Szenen aus dem Alten und Neuen Testament ist verwirrend, der Kauf einer genauen Beschreibung ratsam. Interessant ist die Begegnung mit den Mäzenen: Gegenüber dem Eingang kniet die Frau des Francesco il Vecchio da Carrara vor der Madonna mit Kind. Sie trägt ein rotes Kleid mit weißem Pelzbesatz. Und auch der Mann mit rotem Barett und weißer Feder (siehe S. 43) ist wieder vertreten. Ein Tipp zur Verfolgung der Geschichten: Von Maria aus nach rechts beginnt die Schöpfung der Welt, wird Eva aus Adams Rippe geboren. Über dem Haupteingang sind die großen Vergehen des Volkes Israel zu entdecken, der Bau des Turms von Babylon sowie das sündige Sodom und Gomorrha, Lots Flucht und seine zur Salzsäule erstarrte Frau. Eine

Giottos berühmte Fresken in der Cappella degli Scrovegni: der Judaskuss

Der Prato della Valle in Padua ist Europas drittgrößter Platz

gute Gelegenheit, die Geschichten des Alten Testaments zu rekapitulieren. Über allem schaut Christus als Weltenherrscher aus der Kuppel herab. [Piazza del Duomo, tägl. 10-18 Uhr, Erw. € 2,50, Schüler € 1,50, Kinder (bis 6 J.) frei]

Weltberühmte Fresken

Die Reihenfolge der Bilder aus dem Neuen Testament muss man mit Geduld suchen. Einfacher wäre das in der weltberühmten **Cappella degli Scrovegni** mit Giottos unnachahmlichem Freskenzyklus (siehe Kasten S. 45), zusammen mit einem Bummel durch die Musei Civici, in denen Zeugnisse der langen Geschichte Paduas, des römischen Patavium, gesammelt sind. Die Familie Scrovegni hatte im ausgehenden 13. Jahrhundert durch Wuchergeschäfte großen Reichtum angehäuft. Wohl um der Strafe Gottes und dem Fegefeuer zu entgehen, ließen sie neben ihrem Palast eine Kapelle errichten. Zur Ausmalung holten sie Giotto di Bondone (1266-1337), der als der größte Künstler seiner Zeit galt, aus Florenz nach Padua. Um 1305 schmückte er die Seitenwände mit Szenen aus dem Leben Christi und Mariens. Ein Tipp für die Besichtigung: Beginnen Sie an der rechten Wand links oben mit der „Vertreibung Joachims aus dem Tempel“. Das Ende ist an der linken Wand unten das „Pfingstwundero“. [Giardini dell' Arena s/n, Di-So 9-19 Uhr, Erw. € 5, Schüler und Studenten € 2,50, Kinder (bis 6 J.) frei, Family Card siehe S. 42]

Bootstour zu Bastionen und Toren

Historische Sehenswürdigkeiten sind für diesen Tagesausflug genug berücksichtigt worden. Doch wie wäre es, zum Schluss diese schöne Stadt einmal zu umrunden? Von einem Boot aus auf dem Fluss Bacchiglione bieten sich ganz neue Perspektiven. Die Kinder stimmen garantiert begeistert dafür! Die Fahrt im offenen Boot mit Sonnensegel ist eine wundervolle Abrundung und eine Ergänzung des Familienausflugs, denn sie führt unter anderem zur Stadtmauer Paduas mit ihren Bastionen und Toren. Die Mauer erzählt wieder ein Stück Geschichte: Nach vielen Kämpfen und wechselnden Herrschaften wurde Padua im 15. Jahrhundert von Venedig erobert. Die Regierung der Serenissima krempelte ein Jahrhundert später das Stadtgebilde komplett um, baute die Mauer und bestimmte damit die endgültige Stadtform. [Bootstour: Delta Tour, Via Toscana 2, Tel. 049-870 02 32, www.deltatour.it, Zusteigemöglichkeiten: an der Conca di Navigazione delle Porte Contarine oder Scalinata del Portello, Fahrtdauer knapp 2 Std., pro Pers. € 13, Kinder (unter 6 J.) frei]

Tour 4: Schleusen, Drehbrücken und Villen

Malcontenta • Mira • Stra

Wo: zwischen Venedig und Padua – Wie: mit dem Schiff, alternativ per Auto – Dauer: Tagesausflug – Nicht vergessen: Windjacke, Kamera

Boot fahren und dabei den Schleusenwärtern bei ihrer Arbeit zuschauen – nicht nur die Kinder werden von der Tour auf dem Brenta-Kanal begeistert sein. Hochherrschaftliche Villen sind zu bewundern. Sie erzählen spannende Geschichten von Politik, Intrigen und Liebesleid, zeugen von Kunst und Können berühmter Architekten wie Andrea Palladio. Höhepunkt ist dann die Besichtigung der Villa Nazionale di Stra mit 114 Zimmern, wunderschönen Fresken berühmter Maler und einem riesengroßen Heckenlabyrinth. Wer findet als Erster den Weg hinaus?

Goethe war hier!

Doch zunächst besteigen Sie ein Boot mit wohlklingendem Namen: Il Burchiello (burchio bello heißt schönes Boot). Schon im 18. Jahrhundert verkehrte ein Schiff gleichen Namens regelmäßig zwischen Venedig und Padua. Berühmte und weniger berühmte Dichter haben die Reise auf dem Brenta-Kanal schwärmerisch geschildert. Die bunten Szenen beschrieben sie mit Kühen und Ochsen-

Wie wär's mal mit einer gemütlichen Bootstour auf dem Brenta-Kanal?

hirten am Ufer, Fischern, Mühlen und voll beladenen Kähnen. Auch Goethe schipperte am 28. September 1786 nach Venedig und meinte, „die Fahrt auf der Brenta, in gesitteter Gesellschaft, da die Italiener sich voreinander in Acht nehmen, ist anständig und angenehm“. Die feine Gesellschaft saß im geschlossenen Raum. So ist es auch bei den zwei modernen Burchiello-Schiffen geblieben, was allerdings nicht jedermanns Sache ist: Man sitzt im klimatisierten Innenraum, nur ein Schiff hat ein Oberdeck, allerdings ohne Sonnensegel. Wer mehr frische Luft braucht, mehr Freiraum mit Sonnenschutz, muss die Konkurrenz wählen, die Gesellschaft I Battelli del Brenta oder Delta Tour. [Auskünfte und Prospekte zu Bootstouren geben: Il Burchiello, Via Orlandini 3, 35131 Padua, Tel. 049-820 69 10, www.ilburchiello.it; I Battelli del Brenta, Via Porciglia 34, 35121 Padua, Tel. 049-876 02 33, www.battellidelbrenta.it; Delta Tour, siehe S. 46; Preisbeispiel für eine Bootstour bei Il Burchiello von Venedig nach Padua, Rückfahrt mit Bus: Hauptsaison Erw. € 71, Nebensaison Erw. € 60, ganzjährig Kinder (12-17 J.) € 47, Kinder (6-11 J.) € 34, Kinder bis 5 J. frei]

Fünf Schleusen müssen auf dem Weg von Padua bis Venedig passiert werden

Der Kanal lebt!

Vogelbeobachtung am Brenta-Kanal: Blesshühner mit roter Nase tauchen ab, kleine Graureiher inspizieren die schlammigen Ufer, Enteneltern mit flauschigen Küken versuchen, die Uferhänge zu erklimmen, Gänse schnattern erregt, zischen gegen das Boot, stolze Schwäne zeigen dem Schwimmkoloss ihre weißen Rücken. Und wer entdeckt einen eher unerwarteten Bewohner am Ufer? Schildkröten recken oft ihre neugierigen Köpfchen aus dem Wasser.

Quietschende Schleusentore

Ebenso wenig geändert hat sich seit dem 18. Jahrhundert das Tempo der Schiffe. Damals wurde das Boot vom Uferdamm aus von einem Pferd mit Reiter gezogen, heute drücken Dieselmotoren das Fahrzeug durchs Wasser. Jedoch: Höchstgeschwindigkeit: 8 km/h. Das dient dem Schutz der gefährdeten, nur zum Teil befestigten Ufer. Aufregend ist es, unterwegs dem Schleusenbetrieb zuzuschauen. Um das Gefälle von zehn Metern zwischen der Brenta bei Padua und der

Essen mit Atmosphäre

*Die **Trattoria Alla Vida** in Mira ist preisgünstig und stimmungsvoll. Alte Waagen, Lampen und Nähmaschinen, historische Fotografien und Gemälde zieren das holzgetäfelte Restaurant. Gnocchi mit Spinatfüllung werden dampfend aufgetragen, Verdurine pastellate (gebackenes Gemüse) gibt's für Vegetarier, und wer Experimente wagt, bestellt Sfilacci di Cavallo, trockenes zerrupftes Pferdefleisch mit Polenta (30034 Mira, Via Don Minzoni 31, Tel. 041-42 21 43, Fr geschl.).*

Lagune bei Venedig zu bewältigen, mussten fünf Schleusen gebaut werden. Also aufgepasst: Die erste kommt schon bei Moranzani, die nächsten dann in Mira, Dolo, Stra und Noventa Padovana. Spannende Augenblicke sind das, wenn sich die Schleusentore quietschend schließen und das vordere Tor die Sicht versperrt. Dann wird die Schleusenkammer mit Wasser gefüllt, das Boot hebt sich ganz langsam und endlich ist man oben. Dann hat man wieder freien Blick auf die mit Erlen und Rotbuchen bepflanzten Ufer und auf die im Wasser stehenden Schilfpflanzen. Links und rechts des Brenta-Kanals reihen sich die Städtchen hintereinander auf, die durch das Wasser getrennten Ortsteile mussten durch Brücken verbunden werden. Diese sind sehr niedrig, versperren den Schiffen den Weg. Doch sie lassen sich bewegen, jede nach ihrem eigenen System.

Gleich nach **Malcontenta** findet sich eine Brücke mit Seltenheitswert: Der Ponton ist auf einer Zahnradschiene festgemacht, das Straßenstück wird per Hand auf die Südseite gekurbelt und versperrt dort dem Verkehr den Weg, bis die Brücke wieder über das Wasser geschoben wird. Vor **Mira** ist die vielleicht schönste Drehbrücke zu bewundern. Ihre Geländer sind handgeschmiedet. Nach Mira kommt wieder eine Drehbrücke, die sich per Knopfdruck zur Seite bewegt. Kinder werden neidisch den Brückenwärter beäugen, der am Ende des Pontons steht und sich im weiten Bogen zum Ufer schwingen lassen darf.

Prachtvolle Villen

Dann heißt es: auf zur Palastbesichtigung. Denn die Riviera del Brenta wäre nichts ohne ihre berühmten Palazzi. Die reichen Venezianer haben sie vom Anfang des 16. bis zum Ende des 18. Jahrhunderts gebaut, um mit viel Prunk jedermann ihren Reichtum zu zeigen, aber auch um ihre Ländereien und den wichtigen Handelsweg zwischen dem Festland und Venedig zu überwachen. Oder man empfing Päpste und Großherzöge, knüpfte Liebesbeziehungen – Casanova was here –, stiftete Ehen oder zerstörte sie. 80 dieser Statussymbole sind geblieben, einige davon können besichtigt werden, drei bis vier sind bei einer Tagestour zu schaffen.

Stopp bei der „Unzufriedenen“

Meistens wird bei der **Villa Foscari** (1560) gestoppt, auch „La Malcontenta“ (die Unzufriedene) genannt. Wer für die Villenarchitektur Andrea Palladios (1508-

1580) schwärmt, findet hier ein Prachtbeispiel. Palladio wählte geschickt den Platz an einem Brenta-Bogen aus. Bei der langsamen Fahrt taucht die Villa plötzlich aus dem dunklen Park wie ein klassizistischer Tempel auf. Die sandfarbene, feierliche Fassade und die edle Vorhalle mit sechs Säulen spiegeln sich im Wasser des Naviglio Brenta. Die vollständig freskierten Räume lassen sich in der kurzen Zeit der Besichtigung kaum erfassen. Am besten ist es, sich in der Sala del Gigante auf den „Gigantensturz" zu konzentrieren, ein Thema aus der griechischen Mythologie: Die Giganten, unversöhnliche Gegner der olympischen Götter, werden in einer großen Schlacht besiegt. [Via die Turisti 9, Malcontenta di Mira, März-Mitte Nov Sa, So 9-18, Di 9-12 Uhr]

Der Stolz des Dogen

Weiter geht die Fahrt, begleitet von Villen, manche sorgfältig restauriert, andere mit grauem, blätterndem Verputz. Höhepunkt der Villentour ist die **Villa Pisani**, die auch Villa Nazionale di **Stra** genannt wird (1736-1756).
Alvise Pisani war venezianischer Botschafter in Paris zur Zeit Ludwigs XIV. und Doge der Lagunenstadt. Er fühlte sich verpflichtet, am Brenta-Ufer die schönste, berühmteste Villa bauen zu lassen. Den Begriff Villa vergisst man spätestens vor der Fassade: Es ist ein Schloss, ein Palast mit 114 Zimmern. Die Führungen durch einen großen Teil des Palazzo sind für Kinder in gesamter Länge vielleicht zu lang. Sie freuen sich schon auf das Wasserbecken im Garten, das den Blick zu den früheren Pferdeställen lenkt, ein weiteres palastartiges Gebäude. [Stra, an der SS 11, März-Okt Di-So 9-20 Uhr, Eintritt Park und Museum: Erw. € 10, erm. (EU-Bürger 18-25 J.) € 7,50, Kinder (bis 18 J.) u. Senioren (über 65 J.) frei]

Ein Elefant mit Zehen

Wer aufmerksam die Führung verfolgt, erfährt ein spannendes Stück Zeitgeschichte. So im Billardzimmer, auch „Triumph des Bacchus" genannt, wo der weinselige Gott auf einem Elefanten reitet, dessen Füße in Zehen enden. Der Maler, Jacopo Guarana, ein Tiepolo-Schüler, hatte nämlich noch nie einen dieser Dickhäuter gesehen. Im Napoleon-Zimmer erfährt man, dass es nur für eine Nacht hergerichtet werden musste, inklusive persönlicher Toilette. Mit dem

Programm der klassischen Tour

Die optimale Brenta-Tour sieht so aus: 8.30 Uhr Einschiffen in Venedig, Markusplatz, auf Wunsch um 9.10 Uhr in Fusina, dann auf den Brenta-Kanal, Schleusenstopps, Villen ansehen. 13.30 Uhr: die alte Mühle von Dolo besuchen, Mittagessen in einem der vielen Ufer-Restaurants. 15.30 Uhr: Weiterfahrt, Stopp bei Villen, zuletzt bei der Villa Nazionale in Stra. 17.15 Uhr: Einschiffung vor der Villa Pisani/Nazionale di Stra, Weiterfahrt nach Padua (manchmal Bustransfer). Etwa 19 Uhr: Ankunft in Padua, Rückfahrt mit dem Bus.

Spaß im Labyrinth oder wie Irrwege irre machen können

Ende der Republik Venedig kaufte Napoleon die Villa und schenkte sie dem italienischen Vizekönig Eugenio Beauharnais. Spätestens im Ballsaal kommt allgemeine Zufriedenheit auf: Für das Deckengemälde von Giambattista Tiepolo (1696-1770) bleibt genügend Muße und die Eleven der Kunstgeschichte werden hier bedächtig den Kopf in den Nacken oder sich selbst auf den blank polierten Boden legen, um die „Verherrlichung der Familie Pisani“ (Gloria di Casa Pisani) zu studieren. Faszinierend ist besonders die Ansicht des Künstlers über den damaligen Erdkreis: Europa mit Krone und gelbem Gewand ist eine alte Frau; auf der anderen Seite des Ovals findet sich die neue Welt, Amerika. Viel Spaß macht auf der rechten Seite über dem Mittelfenster des Musikantenbalkons das Betrachten eines Satyrs mit Stock. Egal, wohin der Betrachter sich wendet, Stock und Augen scheinen sich immer in seine Richtung zu bewegen.

Klaustrophobie hinter Hecken

Im Park der Villa Pisani können die Besucher das Labyrinth entdecken. Der erste Eindruck mutet etwas seltsam an: die grüne Heckenmauer, in der Mitte ein Turm mit einem als Butler gekleideten Aufpasser. Wer sich in das Gassengewirr wagt, verirrt sich schnell. Nur der Turm bietet etwas Orientierung. Doch immer wieder landet man vor einer undurchdringlichen grünen Wand. Die Tricks des Gartenbauers sind undurchschaubar, dieser Irrgarten macht irre. Den Kindern macht die Spannung und Verwirrung Spaß oder ein bisschen Angst. Dann der Hilferuf zum Faktotum auf dem Turm. Mit spöttischer Mine und der Gestik eines Verkehrspolizisten zeigt er nach links, nach rechts, zurück und wieder vor – dann noch einmal im Kreis, man wird zum Werkzeug eines ausgestreckten Zeigefingers und kann es kaum glauben, endlich das Ende des unheimlichen Labyrinths erreicht zu haben.

Tour 5: Vom Leben und Tod der glatten Aale

Comacchio • Museo Civico delle Valli • Goro • Gorino

Wo: zwischen dem Po di Venezia und Ravenna – Wie: per Boot, zu Fuß und mit dem Rad – Dauer: Halbtagesausflug – Nicht vergessen: Fernglas, feste Schuhe, lange Hose, Anti-Mücken-Spray

Viel Natur, interessante Wasservögel, Fische und seltene Pflanzen erwarten Sie auf dieser Tour. Eine wundervolle Wasserwelt hat sich in Jahrtausenden rund um die vielen Ausläufer des Po gebildet, die UNESCO verlieh dem Po-Delta-Park die Anerkennung als Weltkulturerbe. Es gibt zwei Anlaufpunkte, um das Naturschauspiel zu erleben: die **Valli di Comacchio** nördlich von Ravenna und etwa 40 Kilometer weiter nördlich, Richtung Chioggia, die Valli di Gorino mit der Sacca (Bucht) di **Goro**. [Ufficio Informazioni, Via Cavicchini 13, 44100 Goro, Tel. 0533-99 50 30 (nur im Sommer), www.comune.goro.fe.it]

Leise Motorboote fahren Sie durch die Brackwasserbecken. Ab dem Hafen **Gorino** wird auch der Po di Goro flussaufwärts erforscht. Wer lieber wandert, kann sich in Gorino zwischen Salzpflan-

Romantik pur: Abendstimmung bei Comacchio

Schnatterenten und bunte Vögel

Das Ladengeschäft von Guiseppino Felletti in Comacchio ist angefüllt mit Enten, Vögeln und Fischen. Es handelt sich um buntes Spielzeug, aus dem Schilf der Lagune vom alten Guiseppino in Handarbeit gefertigt. Wenn er gerade in der Werkstatt ist, lässt er sich gern bei der Bastelarbeit zuschauen. Die originellen Spielsachen sind übrigens auch ein tolles, auf die Lagunenlandschaft bezogenes Souvenir (Via del Rosario 13, Mo-Sa 9-12 und 15-19 Uhr).

zen und Schilf zum alten Leuchtturm durchschlagen. [In der Saison ist Vorbestellung ratsam: Principessa, Vicolo del Faro 1, Gorino, Tel. 0533-99 98 15, www.motonaveprincipessa.it, Abfahrt März-Okt 9.30, 12.30, 15.30 und 17.30 Uhr, Dauer 2 Std. (auch 5- u. 6-Std.-Touren), Essen wird bei Abfahrten 9.30 und 12.30 Uhr serviert, Cristiana, Via A. Brugnoli 244, Goro, Tel. 0533-99 64 48, www.motonavecristiana.com, März-Nov 9, 11.30, 14.30, 17 und 19 Uhr, Preisbeispiel: Erw. € 12, Schüler € 10]
Wie die Fischer in vergangenen Jahrhunderten gelebt haben, wird im Freilichtmuseum von Comacchio anschaulich dargestellt. Es empfiehlt sich, früh anzureisen. In den **Valli di Comacchio** fahren die ersten Boote um neun Uhr ab. Vorher oder danach bietet sich ein Spaziergang zu den Casoni, den historischen Fischerhütten, an. Oder Sie radeln auf einer 16 Kilometer langen Piste über die Dämme. Beides ist auch mit Führung möglich. Am Ende des Ausflugs werden Fischfreunde auf ihre Kosten kommen: Goldbrasse, Seebarsch oder der König des Deltas, der Aal, ganz frisch und superlecker in urigen Restaurants serviert! [Mit Motorbooten zu den Casoni, Abfahrt tägl. 9, 11, 15 und 17 Uhr, 2-Std.-Rundfahrt: Erw. € 10, Kinder (bis 1 m) € 7, geführter Spaziergang € 4, Birdwatching € 6 (jeweils mind. 10 Pers.), Fahrradverleih: 1 Std. € 3, 3 Std. € 7, 1 Tag € 12, Radweg mit eigenem Fahrrad frei]

Die wehrhafte Brückenburg

Das Tor zur südlichen Lagunenlandschaft ist **Comacchio**, die Stadt, die auch den Valli (Täler) ihren Namen gab. An die Wasserwelt gewöhnte Menschen haben in spätrömischer Zeit auf 13 kleinen Inseln die Siedlung gegründet, wegen des Reichtums an Fisch und Salz immer wieder von benachbarten Mächten belästigt. In der ersten Hälfte des 17. Jahrhunderts ließ die Päpstliche Schatzkammer (Camera Apostolica) zum Ärger der verdrängten Herrscher von Este das Wahrzeichen Comacchios bauen: den Ponte dei Trepponti (Brücke der drei Brücken). Breit und herausfordernd steht das Bollwerk vor der Stadt und führt die Besucher über fünf Freitreppen hoch auf seinen Scheitelpunkt. Erst dort wird der Zweck der Brückenburg deutlich: Der Kanalarchitekt Luca Danese ließ in die Mauern ringsum Schießscharten bauen, galt es doch, sich gegen Feinde auf fünf Wasserläufen zu verteidigen. Der Hauptkanal strebt dem historischen Zentrum zu, vorbei an der steinernen Fischhalle. Daneben bieten Fischer

Die Valli – Eldorado für Vogelbeobachter

450 Vogelarten leben im Naturpark. Zuerst fallen der im Sumpf herumstolzierende Stelzenläufer und der Seidenreiher mit dem „modischen" Zopf am Hinterkopf auf. Über den Köpfen fliegen Silber- und Lachmöwen, Seeschwalben, Kormorane, Schnepfen und bunte Eisvögel. Sogar eine Kolonie mit 500 Flamingos hat sich angesiedelt. Am häufigsten werden Sie Enten begegnen, z.B. der Stockente – das Männchen mit schillernd grünem Kopf und weißem Halsring – oder der Löffelente, erkennbar an der Form ihres Schnabels. Geführte Touren: 8.30, 10.30, 14.30 und 16.30 Uhr (Infos: www.vallidicomacchio.it, Tel. 0533-32 89 04).

gegen ein Trinkgeld eine Stadtrundfahrt auf den Wasserstraßen an. Wer Zeit hat, sollte sich den Spaß gönnen. [I.A.T. Comacchio, Via Mazzini 4, 44022 Comacchio, Tel. 0533-31 41 54, www.comune.comacchio.fe.it]

Das alte Römerschiff

Auf der anderen Seite des Kanals beherbergt der Bellini-Palast das **Museo della Nave Romana**. Alle Schätze eines im ersten Jahrhundert v. Chr. vor dem Delta gesunkenen römischen Schiffes werden gezeigt – Keramik, Votivtempel, Werkzeug, Waffen usw. Das Boot selbst muss noch restauriert werden (siehe S. 90).

Südlich der Stadt ist die Strecke zum **Museo Civico delle Valli** gut ausgeschildert. Es ist mit 11.000 Hektar Brackwasserfläche Norditaliens größtes Feuchtbiotop. Auf dem Weg zu den Valli (ca. fünf Kilometer) fällt auf, dass die Wiesen und Äcker unter dem Straßenniveau liegen. Damit beginnt die außergewöhnliche Geschichte des Po-Deltas: Seit Urzeiten schwemmten der Strom sowie seine Nebenflüsse aus Alpen und Apennin Geröll und Schlamm Richtung Adria und schufen das große Delta. Durch Erdbewegungen und Überschwemmungen bildete sich hier ein ausgedehntes Sumpfgebiet mit zahlreichen Seen. Ein Paradies für Fische und Vögel (siehe Kasten links), aber auch Brutstätte lästiger Stechmücken (siehe S. 56). Durch den Bau von Kanälen und Dämmen sowie der Pflanzung von wassersaugenden Pappelwäldern ging das Lagunenareal auf inzwischen 15.000 Hektar zurück. Der trockengelegte Teil gehört heute den Bauern, die Valli den Fischern. [Statione di Pesca, Località Foce 4, Comacchio, www.vallidicomacchio.it, Museum mit Infozentrum tägl. 8.30-12 und 15-17 Uhr, Eintritt frei]

Das Geheimnis der Sargasso-See

Dort wo die Fischer heute noch ihrem Broterwerb nachgehen, ist es besonders interessant. Sie informieren Besucher gerne über das teils noch geheimnisvolle Leben und Sterben der Aale. Die Heimat des Fisches sind die europäischen Flüsse. Doch zwischen Mai und November wandern sie in den Atlantik. Die Adria-Aale legen von Mitte September bis Mitte Dezember bis zu 6.500 Kilometer

Aus diesen Stangen wurden früher Aalfallen gefertigt

zurück, schwimmen durch das Mittelmeer, die Straße von Gibraltar, dann in die Südwestecke der Sargasso-See, die sich zwischen Amerika und Afrika erstreckt. Dort, etwa tausend Kilometer nordöstlich von Kuba, laichen die Weibchen in 400 Meter Tiefe. Danach sterben sie vor Erschöpfung. Die zunächst zehn Millimeter großen Larven werden allmählich durch den Golfstrom Richtung Europa getrieben. Nach drei Jahren haben sie die Küste Europas erreicht. Jetzt schrumpft die auf dem langen Weg gewachsene Larve zum kleineren, durchsichtigen Glasaal. Dieser sucht und findet den Weg zu seinem Heimatfluss. Der Comacchio-Aal strebt nach Erreichen des Mittelmeeres über Kanäle und die Mündung des Reno-Flusses dem Land zu, wird aber in den Valli di Comacchio, in der großen Lagune festgehalten.

Aalglatt ab in die Falle

Auch die Jagd der Aale ist spannend. Seit Jahrhunderten arbeiten die Lagunenfischer mit einem einmaligen Trick. Ostwinde und Schirokkostürme treiben das wärmere und sauerstoffreichere Meerwasser in die Lagune – ein Lockmittel für die geschlechtsreifen Aale, dem Meer zuzustreben. In mondlosen Nächten, bei durch starken Regen aufgepeitschtem Wasser ist der Vermehrungstrieb besonders stark. Wie auf der Tour durch das Freilichtmuseum an einer nachgebauten Fischfanganlage nachzuvollziehen, wurden die aus den kleinen Kanälen meerwärts strebenden Fische durch Rohrgeflechte in die Fanganlage geleitet, die aus mehreren pfeilartig hintereinander angelegten, von Rohrwänden eingerahmten Becken bestand. In den ersten Becken wurden die dickeren Fische wie Meer-

Garantiert handgemacht: Enten aus dem Schilf der Lagune

äsche, Goldbrasse und Seebarsch geschnappt. Die schlanken Aale passierten die größeren Zwischenräume ohne Schwierigkeit, bis sie, mit dem Schwanz voraus, das enge Geflecht der letzten Rohrwand durchschwammen und mit dem Käscher gefangen wurden. Die stärksten aber gelangten sogar durch die engen Maschen der letzten Falle, waren frei für die Vermehrung und den Weg zum Laichplatz in der Sargasso-See. Im Prinzip funktionieren die Aalfallen von Comacchio auch heute noch nach diesem System, nur dass die Wände aus Beton, das Gitterwerk aus Aluminium besteht.

Leckerbissen für den Export

Die mühsame Arbeit der Aalfänger aus historischer Zeit wird in den Arbeitsstätten, den Laborieri, gezeigt. So sind in den Fischerhütten die nach oben verengten Weidenkörbe zu sehen, in denen die gefangenen Fische im Wasser lagerten. Dann wurden sie in ein durchlöchertes Holzboot geschippt, so konstruiert, dass es knapp unter der Wasseroberfläche trieb, während man diese „Marotta“ mit anderen Booten zu den Märkten schaffte. In speziellen Hallen wurde der größte Teil des Fangs für den Export verarbeitet und haltbar gemacht. Mit dem Beil schlug der Schlächter den Kopf ab – Grundzutat für die Suppe der Armen –, dann wurde der Fisch zweigeteilt und aufgespießt. Vor großen Kaminen brutzelte das Fleisch auf drehbaren Spießen, mit Salz und Essig wurde es in Fässern mariniert, mit Lorbeerblättern garniert und für den Export verpackt. Wem angesichts derartiger Ausführungen der Magen knurrt, der steuert am besten gleich eines der vielen Fischrestaurants an, zum Beispiel das Il Bettolino di Foce gleich neben dem Museumsgebäude (Tel. 0533-32 89 04). Hier zeigen Suppe, Pasta, Risotto oder Grillplatte immer noch, was die wichtigste Einnahmequelle der Leute von Comacchio ist: der florierende Fisch- und Aalfang!

Achtung, Mücken!

Die Malaria wurde durch Ausrottung der Fiebermücken bekämpft. Was jetzt noch über den Lagunen schwirrt, sind ungefährliche, aber vor allem im Sommer und Herbst recht lästige Stechmücken. Die Population wurde mit biologischen Mitteln etwas reduziert, mehr kann man nicht tun, denn Mücken sind wichtige Nahrung für Vögel und einige Fische. Wer empfindlich ist, sollte sich also schon vor dem Aufenthalt im Lagunenbereich mit Anti-Mücken-Spray schützen.

Tour 6: Mystische Mosaiken machen munter

Ravenna

Wo: nördlich von Rimini – Wie: zu Fuß oder per Rad – Dauer: Halbtagestour – Nicht vergessen: Stadtplan und Fernglas

Ravenna ist die Stadt der Mosaikkunst. Auch weniger Kunstinteressierte werden von den farbig leuchtenden Bildern aus tausend und abertausend kleinsten Steinchen begeistert sein. Und so sind die Mosaiken der Leitfaden für den Bummel durch Ravennas Altstadt. Außerdem gibt es eine Begegnung mit dem Renaissancedichter Dante und Gelegenheit zu mindestens einem Glas Wein in stimmungsvoller Umgebung. Wer in den südlich der Stadt liegenden Ferienorten seine Unterkunft hat, sollte es sich einfach machen und mit Bahn oder Bus anreisen. Das Zentrum ist ohnehin Fußgängern und Radfahrern vorbehalten, für einen gemütlichen Bummel per pedes oder per Rad (siehe Kasten S. 59). Kinderwagen und Buggy schieben sich problemlos auf den ebenen Straßen. [I.A.T., Via Salara 8, 48100 Ravenna, Tel. 0544-354 04, www.turismo.ravenna.it, www.turismo.ra.it. Ravenna Visit Card: Eintrittspreis für sechs Sehenswürdigkeiten (San Vitale, Galla Placidia, Sant' Apollinare Nuovo, Spirito Santo, Battistero Neoniano, Cappella Sant'Andrea) Erw. € 6,50, Schüler/Studenten € 5,50, Kinder unter 11 J. frei. Während der Messen sind Besichtigungen nicht erlaubt]

Arianer und Byzantiner

Start der Stadterkundung ist die Piazza Farini am Bahnhof. Von dort geht es zur **Basilika Sant'Apollinare Nuovo** (6. Jh.) mit ihrem 38 Meter hohen Rundturm

Altstadt von Ravenna: „buggytauglich" und unbedingt einen Bummel wert

(10. Jh.). Hauptsehenswürdigkeit der Kirche sind die Mosaiken. Sie erzählen ein Stück Geschichte: Der Ostgotenkönig Theoderich der Große herrschte nach dem Untergang Westroms von 493 bis 526 und gründete diese Kirche. Theoderich war Anhänger der Arianer. Priester Arius lehrte, dass die Natur Christi dem Wesen nach menschlich gewesen sei, im Gegensatz zum katholischen Dogma (Konzil von Nicaea). Die Mosaiken zeigen aus arianischer Zeit schöne, lebhafte Menschen mit großen Augen – Gott erlaubte, die Schönheit wahrzunehmen. Nachdem der byzantinische Feldherr Belisar 540 die Stadt stürmte und die Ostgoten für immer vertrieb, wurden viele Mosaiken vernichtet und neue im starreren byzantinischen Stil geschaffen. [Via Roma s/n, tägl. 9.30-16.30 Uhr]

Prozession der Märtyrer

Original erhalten sind die oberen Mosaikstreifen auf beiden Seiten mit Szenen aus dem Leben Christi und darunter die Apostelbilder. Wer ein Fernglas dabeihat, kann die lebhaften Bilder besser erkennen: links beginnend mit der Hochzeit von Kanaa bis zur Heilung des Lahmen von Bethesda, rechts vom Letzten Abendmahl bis zur Begegnung mit dem ungläubigen Thomas. Die darunter dargestellte Prozession der Märtyrer und Märtyrerinnen (kurz nach 550) zeigt das Starre der byzantinischen Darstellung, die Figuren gleichen sich in Geste und Ausdruck. Eine Ausnahme machen die den Zug anführenden Heiligen Drei Könige auf der linken Seite: Da ist Bewegung in den Körpern, Freude und Verehrung in den Gesichtern, fast

Battistero degli Ariani: die Taufe Christi im Jordan

Fahrradverleih kostenlos

Ravenna ist eine Stadt für Radfahrer. An verschiedenen Plätzen stehen leuchtend gelbe Fahrräder von 6 bis 23 Uhr kostenlos zur Verfügung (erwünschte Nutzung max. vier Stunden). Erwachsene ab 18 Jahren erhalten sie beim Touristenamt in der Via Salara 8 (Mo-Sa 8.30-19 Uhr). Falls alle Räder weg sind, erkundige man sich bei Noleggio biciclette, Cooperative San Vitale, Piazza Farini (Bahnhof), Tel. 0544-370 31. Hier gibt es die Drahtesel von Mo-Fr für € 7 pro Tag, auch Mountainbikes für Kinder.

scheint es, als entglitten die Geschenke für das auf Marias Schoß sitzende Jesuskind den Händen der Angereisten.

Taufe im Jordan

Nächste Station ist das **Battistero degli Ariani** (Ende 5. Jh.). Im Baptisterium ist das Mosaik in der Kuppel original erhalten. Wegen der vielen Details ist es ratsam, sich einen günstigen Platz zu suchen, um den Nacken nicht allzu sehr beugen zu müssen. In der Mitte des Medaillons sieht man Christus als bartlosen Jüngling nackt und bloß in den Wellen des Jordan stehen. Rechts beugt sich Johannes, der Christus tauft. Der bärtige, weißhaarige Mann auf der linken Seite der Szene ist die Personifikation des Jordan-Flusses. Zur Verdeutlichung ziert den Kopf des Flussgottes eine rote Krebsschere. Im Kreis um die Taufszene stehen die zwölf Apostel. [Piazzetta degli Ariani s/n, Sommer tägl. 9-19, Winter tägl. 9.30-17.30 Uhr, Eintritt frei]
Zum Vergleich lohnt ein Besuch im **Battistero Neoninano** neben dem Dom. In der Kuppel der Taufkirche ist wieder die Taufe Jesu abgebildet, im Gegensatz zum jugendlichen, menschenähnlichen Christus im Battistero degli Ariani aber der gottähnliche Jesus, ein älterer Mann mit ernstem Gesicht. [Piazza Duomo, tägl. 9-19, Okt 9.30-17.30, Nov 10-17 Uhr]

Vom Rathaus zum Dante-Grab

Zurück auf der Via Diaz mit ihren zahlreichen Boutiquen, die vorwiegend Textilien und Schmuck anbieten (besonders attraktiv: die Kosmetik-Galleria Angelo Fabbri, ein Komplex von 1854 mit Innen-

Stimmung in der historischen Weinstube

Die Weinstube Ca' de Ven, Haus des Weines, ist urgemütlich: Am Eingang werden die romagnolischen Spezialitäten des Tages auf einer Tafel angekündigt, innen sitzen Einheimische an ihren Stammtischen und genießen ein Gläschen Wein. Weiter hinten lockt das üppige Büffet, ein paar Schritte weiter sind die Tische gedeckt. Kinder nutzen die Papierserviette, auf der ein Würfelspiel zu den Sehenswürdigkeiten der Romagna führt.
Ca' de Ven: *Via C. Ricci 24, Tel. 0544-301 63, Mo geschl.*

hof), erreichen Sie bald die weit ausladende **Piazza del Popolo**, ein Platz zum Ausruhen und Gucken. Vor dem Palazzo Veneziano (15. Jh.), heute Rathaus und Fast-Food-Tempel, stehen auf hohen Säulen die Stadtheiligen Vitalis und Apollinaris. Die große Piazza ist Treffpunkt der Einheimischen, die mit Fahrrädern und Kinderwagen kommen und sich zu einem Drink in einer der angrenzenden Bars verabreden.
Eine Stippvisite führt auf den Spuren des Dichtergenies Dante Alighieri (1265-1321) durch einen Teil von Ravennas Altstadt. Am oberen, östlichen Ende der Piazza del Popolo geht es nach Süden über die Piazza Garibaldi mit dem Alighieri-Theater (19. Jh.) und weiter in die Via Alighieri. Der große Dichter Dante Alighieri ist 1321 in Ravenna gestorben, die nach ihm benannte Straße endet am klassizistischen Grabmal, dem **Sepolcro di Dante**, Ziel seiner bis heute noch zahlreichen Verehrer und Pflichtbesuch für italienische Schulklassen. [Via Dante Alighieri 9. Tägl. 9-12 und 14-17 Uhr. Eintritt frei] Hinter dem Grabmal steht die **Chiesa San Francesco**, wo die Totenmesse für das Genie gelesen wurde. Heute kommen viele Besucher hierher, um ein Problem Ravennas zu verstehen, das regelmäßige Absinken des Bodens. Um die Stadt trocken zu halten, wird seit 1880 das stets steigende Grundwasser abgepumpt und ins Meer geleitet. Die Francesco-Kirche musste mehrmals gehoben werden, doch der Mosaikfußboden der Krypta steht seit dem 11. Jh. bis heute unter Wasser. Die Unterkirche ist beleuchtet (Automat, 50 Cent), Besucher werfen Münzen auf den überfluteten Mosaikboden, das soll Glück bringen.

Mosaikkünstler von heute

Nach all den leuchtend bunten Mosaiken hat so manch kleiner Künstler sicher Lust bekommen, es einmal selbst zu versuchen! Vorlagen mit Glassteinchen gibt es in den Geschäften nahe den Sehenswürdigkeiten.
*Ein paar Adressen von **professionellen Mosaikkünstlerinnen** (manchen kann man über die Schultern schauen):*
Akomena, Via Ponte della Vecchia 27, Tel. 0544-55 47 00;
Luciana Notturni, Via Negri 14;
Annafietta, Via Argentario 5, Tel. 0544-21 37 28;
Anna Bartoletti, Via San Gaetanino 209, Tel. 0544-45 49 02.

[Piazza San Francesco s/n. Tägl. 7.30-12 und 15-19 Uhr. Eintritt frei]

Beim Kaiser von Byzanz

Nächster kultureller Höhepunkt ist die **Basilica di San Vitale**. [Via Fiandrini s/n, tägl. 9-16.30 Uhr] Die Hagia Sophia in Istanbul diente ihr als Vorbild (Grundsteinlegung 525). Architektur und Ausschmückung des Innenraums sowie das Spiel von Licht und Schatten machen sprachlos. Die Fülle an Stützpfeilern, Rundbögen und die Mosaikdekoration überfordern die Aufnahmefähigkeit. Man sollte sich auf Chor und Apsis konzentrieren. Das älteste Bildnis ist die Christusdarstellung in der Apsis: Der Weltenrichter reicht an einem Engel vorbei dem heiligen Vitalis die Krone, der Engel rechts führt Bischof Ecclesius herbei, der das Modell der Kirche in seinen Händen hält. Geschichtliches findet sich wieder auf den Seiten des Chorraums: Nach Vernichtung der Goten unter Theoderich herrschte Justinian, der Kaiser von Byzanz (536-572) auch über Italien. Er und sein Hofstaat sind auf der linken Seite zu sehen, Kaiserin Theodora inmitten ihres Gefolges rechts. Voller Lebendigkeit und Perspektive sind die Szenen aus dem Alten und Neuen Testament. Abraham, der seinen Sohn Isaac opfern will, steht in einer heiteren Landschaft mit Bäumen, Felsen und purpurroten Wolken. Sein Gesicht zeigt den inneren Kampf, die Verehrung Gottes einerseits, auf der anderen Seite die Liebe zu seinem Sohn, die Hoffnung, doch noch von seinem Treueschwur erlöst zu werden. Auch die Evangelisten stehen inmitten von Wiesen und Vögeln – Szenen aus Stein, farbenfroh und leuchtend, auch bei geringem Lichteinfall. Der Trick: schräg eingesetzte Mosaiksteinchen.

Pracht im Dunkel

Wer nach all diesen Eindrücken noch aufnahmefähig ist, sollte unbedingt hinüber ins benachbarte **Mausoleo di Galla Placidia** (5. Jh.) gehen. Das Grabmal – von außen ein recht unscheinbares Gebäude – führt uns noch weiter in die Geschichte zurück, in die Zeit, als Rom in Italien noch mächtiger war. Galla Placidia, Tochter des Theodosius, regierte viele Jahre in Ravenna und starb im

Von all den Mosaiken angeregt, greifen Nachwuchskünstler zu bunten Steinen

Jahr 450 in Rom. Dass sie in dem schon 430 in Auftrag gegebenen Grabmonument tatsächlich bestattet wurde, wird bezweifelt. Doch sie hat einen Schatz der Mosaikkunst hinterlassen, den prächtigsten vielleicht. Die Pupillen der Besucher müssen sich erst langsam öffnen, um die Einzelheiten zu erkennen, denn das durch 14 kleine Alabasterplatten fallende Licht ist spärlich. Alle Szenen sind im Sinne des Grabmals der Erlösung gewidmet. Mit diesem Basiswissen sollte man die Darstellungen betrachten. Ein paar Hinweise: In der linken Nische sind die Apostel Petrus und Paulus zu erkennen. In den Seitennischen findet sich wieder ein Sinnbild für das unsterbliche Verlangen nach dem Quell göttlichen Lebens: Ein von Akanthuszweigen umranktes Hirschpaar lechzt dem Wasser eines Teiches entgegen. Den Sieg des Glaubens ließ Galla Placidia mit dem Martyrium des heiligen Laurentius darstellen: In dem Bogenfeld der Rückwand sieht man Laurentius dem von Flammen umzüngelten Rost entgegenschreiten, ganz ohne Furcht. Sobald sich das Auge an das Dunkel gewöhnt hat, sind auch die Einzelheiten in dem Bogenfeld über dem Portal zu entdecken: Jesus, der Gute Hirte, weidet seine Schafe in einer grünen Landschaft. [Via Fiandrini s/n, tägl. 9-16.30 Uhr, bei großem Andrang ist die Besichtigung auf 20 Min. begrenzt]

Nicht nur kleine Leckermäuler werden angesichts dieser Auswahl schwach

Eine süße Stadt

Kleine und große Süßmäuler werden begeistert sein, denn in Ravenna gibt es auffallend viele Geschäfte mit Süßigkeiten und natürlich eine Ravenna-Spezialität: Amaretti mit Schokoladenüberzug, z.B. in der ***Pasticceria Venziana****, wo es auch die berühmte Torta Teodora gibt (Via Salara 15).*
Der Höhepunkt ist ***Leonardo Dolciumi*** *(Via Salara 9). Hier gibt es die beste Schokolade und mehr als hundert Glasbehälter mit Bonbons, Fruchtgummi, Schokoplätzchen und auch schön verpackte süße Geschenke.*

Tour 7: Burgentour durch die Colli di Forlì e Cesena

Cesenatico • Cesena • Bertinoro • Polenta • Meldola • Terra del Sole

Wo: Höhe Rimini-Cesenatico landeinwärts – Wie: mit dem Auto – Dauer: Tagesausflug – Nicht vergessen: gute Straßenkarte, Kamera mit Weitwinkel

Die lebhafte Fischerstadt Cesenatico ist Start dieser Tour mit einem Rundkurs von ca. hundert Kilometern. Heute geht es ins Landesinnere, ins landschaftlich abwechslungsreiche Hügelland der Provinz Forlì, mitten durch die Weinstraße, die Strada dei Vini e dei Sapori. Weinproben in der ein oder anderen alten Enoteca sind hier Pflicht für Beifahrer und die erwachsene Autobesatzung. Auch das Programm ist abwechslungsreich: Eine der Freundschaft gewidmete Säule und ein Wappenratespiel erwarten Sie, kleine Ritter und Burgfräulein dürfen sich auf imposante Burgen freuen, mal besser oder schlechter erhalten, immer aber Ort für abenteuerliche Ritterspiele. Eine gute Straßenkarte und ein geschulter Beifahrer sollten an Bord sein, denn der größte Teil der Strecke geht über Nebenstraßen.

Buntes Bootsmuseum

In **Cesenatico** sorgen die Fischerboote im Hafen für richtige Urlaubsstimmung. Beim Bummel entlang der Kaimauern riecht es nach Fisch, Salz und Sehnsucht. Große Pötte werden vertäut, reiche Fänge ausgeladen. Gleich nebenan sind die Fischrestaurants aufgereiht, in deren Küchen Brassen, Barben und Muscheln landen. Wo der Kanal im alten Hafen endet, locken die bunten Segel des Museo della Marineria, Italiens einzigen Freilichtmuseums auf dem Wasser – ein Muss für große Technikfans und kleine Kapitäne und alle, die es mal werden wollen.

Der Gastfreundschaft eine Säule

Über **Cesena** geht es zur nächsten Station der Tour, **Bertinoro** (über die SP 65), wo die Reisenden eine Säule ganz beson-

Weinprobe im Museum

*Eine der interessantesten Weinstuben in dieser weinreichen Gegend ist die **Ca' de Sanzves** in Predappio Alta. Früher wurde in dem Gebäude Wein gekeltert, und so macht die Cantina mit all den Utensilien rund um Wein und Weinproduktion den Eindruck eines Museums. In dieser Atmosphäre ein Gläschen Rebensaft zu trinken oder sich ein einheimisches Gericht aus der Küche servieren zu lassen ist ein wirkliches Erlebnis (Piazza Cavour 18, Tel. 0543-92 24 10, Mi geschl.).*

derer Art erwartet. Die Säule der Gastfreundschaft, mitten in der Stadt auf der Piazza Libertà, schreibt seit dem 13. Jahrhundert Geschichte. Jedes Mal, wenn ein Reisender in den Ort kam, gab es Streit zwischen den adligen Familienclans. Jeder wollte den Fremden als Gast beherbergen. Zwei der Betroffenen ersannen daraufhin die Säule. Sie hat so viele Eisenringe wie es damals Familien in Bertinoro gab, nämlich genau zwölf. Jeder Familie war ein Ring zugeordnet. Wenn nun ein Reiter in den Ort kam, band er sein Pferd an einen der Ringe, Wanderer hängten Hut oder Stock daran. Die so zufällig gewählte Familie holte dann die Gäste ab und bewirtete sie. Bis heute wird diese Geste der Gastfreundschaft am ersten Sonntag im September mit einem großen Fest gefeiert. Kleine Einschränkung: Nur offizielle Gäste dürfen dort ihren Gastgeber „blind" wählen. [I.A.T. Forlì-Cesena, Piazetta Pacifici 2, Tel. 0543-71 24 35, www.turismo forlivese.it]

Bertinoro: die Säule der Freundschaft

Wappenraten in Polenta

35 Wappen zieren die Kirchmauer in Polenta. Sie stehen für Orte, die Dante Alighieri in seinen Werken erwähnt. Nicht alle Wappen tragen auch den Namen der Stadt, man muss also nach Symbolen suchen. Tipp: Fünf Wappen gehören zu Städten der Burgentour, drei an der Kirchenwand (F...i, B.....o.., C....a), zwei am Pfarrhaus (erstes links: F..........i, und zweitletztes rechts: M.....a). Wer schafft es zuerst, alle Namen zusammenzubekommen?

Freude für Gaumen und Auge

Der Freundschaftssäule gegenüber liegt der Balkon der Stadt mit großartigem Blick über die Ebene der Romagna, auf die Adria und den Apennin. Unterhalb des Terrassengeländers befindet sich die Weinstube Cà de' be. Hier sollten alle, die nicht fahren müssen, unbedingt ein Glas des für Bertinoro typischen Albana-Weins kosten. Auf der anderen Seite des Platzes stehen die historischen Gebäude der Stadt wohl geordnet nebeneinander. Links die Kathedrale (Ende 16. Jh.), auf dem Hochaltar ein Bild der heiligen Katharina, Schutzpatronin von Bertinoro. In der Mitte erhebt sich der **Palazzo Comunale** (1306) mit seiner 40 Meter breiten Front. Innen sind wertvolle Gemälde wie die Darstellung historischer Begebenheiten aus der Geschichte der Stadt zu bewundern. [Kathedrale Santa Maria degli Angeli, Piazza della Libertà s/n, Bertinoro, vor und nach den Messen, Palazzo

Comunale: Piazza della Libertà s/n, Bertinoro, Mo-Sa 8-12 Uhr] Und auch in Bertinoro gibt es eine Festung (um 1000). Sie kann auf berühmten Besuch stolz sein: 1177 weilte Kaiser Barbarossa mit seinem Hofstaat in der Festung.

Ob Dante hier kniete?

Von Bertinoro machen wir einen kleinen Umweg über Polenta und Meldola, quer durch eine abwechslungsreiche Landschaft mit sanften Hügeln, Weingärten und kleinen Kirsch-, Aprikosen- und Pfirsichgärten. Gelegentlich weist ein handgemaltes Pappschild auf günstigen Obsteinkauf beim Bauern hin. **Polenta** liegt etwa sechs Kilometer südlich von Bertinoro. Die Trattoria Il Trebbo in der Nähe des Kirchplatzes bietet sich für eine Rast an. Danach geht's zur Kirche San Donato (911 erstmals erwähnt, 1705 renoviert). Sie wurde durch den Poeten und Nobelpreisträger Giosué Carducci (1835-1907) bekannt, dessen Büste den Kirchplatz ziert. Dem Dichter verdankt das Dorf seinen Beinamen: Carducci stellte eigentlich nur die Frage „Ob Dante wohl hier kniete?“ – und schon hatte das Dörfchen den Beinamen Polenta di Dante! Die Wappen der umliegenden Orte zieren die Wände von Kirche und Pfarrhaus, Gelegenheit zu einem lustigen Ratespiel (siehe Kasten S. 64)!

Fotogene Burgen

Über den Badeort Fratta Terme sind es rund acht Kilometer bis zum westlich liegenden **Meldola**. Der Ort beeindruckt mit seiner mächtigen **Rocca**, einer wenn auch ziemlich ramponierten, so doch imposanten Festung. 1995 hat die Gemeinde den Komplex gekauft, die

Wehrhaft: das Rathaus von Bertinoro

Restaurierung hat begonnen. Auf dem Weg dorthin – vorbei an der Fonte pubblica (1558), einem Brunnen mit Wasser spuckendem, fotogenem Löwenkopf – erzählen Kirchen und Paläste von der einstigen Bedeutung Meldolas als Handelsstadt. Heute führt man hier ein beschauliches Leben. Vor den Häuschen unterhalb der Burg sitzen die Frauen bei ihren „Chiacchiere“, dem täglichen Tratsch und erzählen den Besuchern, wie es um die Rocca steht: „sempre distrutta“ oder „tutto quasi pronto“, „immer noch kaputt“ oder „alles bald fertig“. Tat-

Terra del Sole: Stolz präsentieren sich Vater und Tochter in ihren Renaissancekostümen zum Palio

sache ist, dass immer mehr Teile der Burg zu besichtigen sind. Tipp: Die Fotografen der Familie sollten den Ponte dei Veneziani suchen, der den Bidente-Fluss überspannt. Die Brücke bietet einen umfassenden Blick auf Meldola.

Land der Sonne

Die nächste Station ist der Zwillingsort **Castrocaro Terme** und **Terra del Sole** (Land der Sonne). Der Thermalort Castrocaro Terme ist bei italienischen Heilsuchenden sehr beliebt, Ausflügler fahren lieber nach Terra del Sole. Der im Auftrag von Cosimo I., Großherzog der Toskana, auf dem Reißbrett geplante und als militärisches Bollwerk errichtete Ort gilt als ideale Stadt der Renaissance (1564). Im Süden bietet die Porta Fiorentina mit dem markanten Castello del Capitano delle Artiglerie Einlass, im Norden die Porta Romana. Geschützt wird die Stadt durch eine zwei Kilometer lange, 13 Meter hohe Festungsmauer. Die Mitte markiert die weite Piazza d'Armi, der Waffenplatz, mit der Kirche Santa Reparata, mehreren Palazzi, darunter dem Palazzo dei Commissari mit dem Informationsamt und dem **Museo dell'Uomo e dell'Ambiente**. [Museum für Mensch und Umwelt, vorgeschichtliche Funde, Werkzeug vergangener Jahrhunderte, Piazza d'Armi 2, Terra del Sole. Di, Do, Sa 15-18, im Sommer auch Mi 9-11 Uhr, Erw. € 3,50, Kinder (bis 12 J.) und Senioren (über 65 J.) € 2]
Besonders feierlich geht es am ersten Sonntag im September zu: Unter Anfeuerung der gegnerischen Stadtteile beginnt das Wettschießen mit Armbrust, begleitet von Trommlern, Trompetern und Fahnenschwenkern.

Tour 8: Winzig, aber in der UNO

San Marino

Wo: 24 km südwestlich von Rimini – Wie: per Schwebebahn und zu Fuß – Dauer: Halbtagestour – Nicht vergessen: gutes Schuhwerk

Wie wäre es einmal mit einem Ausflug in ein anderes Land, nur 20 Kilometer von der Adriaküste entfernt? San Marino ist ein kurioses Staatsgebilde, doch politisch wie wirtschaftlich durchaus von Bedeutung, wie der Besucher im Regierungspalast, in Museen und Kirchen erfährt. Man kommt wegen der spektakulären Lage auf schroffem Kalksteinfels und wegen des grandiosen Blicks. Die Kinder sind leicht mit der Aussicht auf eine Fahrt mit der Schwebebahn hoch hinauf zu locken. Oben angekommen, sind sie kaum von den bunten Auslagen der Souvenirshops loszubekommen, die San Marinos Straßen säumen – der Staat lebt zum beträchtlichen Teil vom Tourismus. Die feierliche Ablösung der Palastwache in ihren farbenprächtigen Uniformen zieht täglich Tausende vor den Palazzo Pubblico. Natürlich wird der Ministaat auch wegen seiner berühmten Briefmarken und Münzen besucht. Wer es allerdings beschaulich mag, ist in der lärmenden Hauptstadt San Marinos fehl am Platze. Aber einen Tag kann es ja ruhig mal bunt zugehen. Denn einen Ausflug wert ist San Marino allemal! [Ufficio di Stato per il Turismo, Palazzo del Turismo, 47890 San Marino, Tel. 00378-0549-88 29 98, www.visitasanmarino.com]

Museum der Auswanderer

Von Zeiten, als die Sanmarinesen noch nicht vom Tourismus lebten und viele junge Menschen in der Not in ferne Länder auswandern mussten, erzählt das Museo dell'Emigrante im Santa-Chiara-Kloster, ein schöner Platz, um sich von der Hektik der Hauptstadt zu erholen. Aufschlussreich in den Museumsräumen sind die vielen Dokumente und alten Fotos der Emigranten. ***Museo dell'Emigrante:*** *Contrada Omerelli 24, tägl. 10- 17 Uhr, Eintritt frei.*

Interessantes Unikum

Die Republik **San Marino** stellt im Reigen der Staaten dieser Welt ein Unikum dar. Sie liegt quasi mitten in Italien, hat eine eigene Regierung, dementsprechend eigene Gesetze und sogar eine eigene Armee. Als einzige Republik der Welt existiert San Marino seit 1.700 Jahren, ohne Unterbrechung vom Volk regiert. Eine weitere Besonderheit: Die Republik hat zwar einen Sitz im Europarat, ist aber nicht Mitglied der EU. Wer da glaubt, somit sei San Marino nicht allzu ernst zu nehmen, eher ein Operettenstaat, muss sich eines Besseren belehren lassen. San Marino unterhält diplomatische und konsularische Beziehungen zu mehr als siebzig Staaten, ist Mitglied der UNO, der UNESCO, des Internationalen Währungsfonds und anderer internationaler Institutionen.

Staat auf einem Kalkfelsen

Durch Mauern, Burgen und wehrhafte Tore geschützt, thront die Hauptstadt San Marinos auf einem hohen Kalkfelsen. Im Kern der Altstadt leben nur noch etwa 300 Bürger, insgesamt 27.000 sind an den Rand des Zentrums oder in die Castelli, die umliegenden Gemeinden, gezogen. Eine dieser Gemeinden ist **Borgo Maggiore**, das erste Ziel dieses Ausflugs, denn von hier klettert die **Schwebebahn**, die Funivia, auf den Kalkfels in die Hauptstadt. Es ist spannend, den Fels entlang nach oben zu schweben. Unten liegen die zum Staat gehörenden Dörfer und in der Ferne glitzert die Adria. [Stazione di Borgo Maggiore, hin und zurück: Erw. € 4.50, Kinder (6-14 J.) € 2,50]

San Marino: interessantes Staatsgebilde auf schroffem Kalkfelsen

Für Briefmarkensammler und Numismatiker

San Marino ist bekannt für seine fantasievollen Briefmarkensätze und Münzen. Aktuelle Ausgaben sind bei Filatelia e Numismatica (Piazza G. Garibaldi) zu finden. Mit Einführung des Euro übernahm auch San Marino die neue Währung und gestaltete eine eigene Rückseite, er unterscheidet sich also vom italienischen Euro. Da es schnell zur Vermischung der verschiedenen Euros kam, entwickelte sich eine spannende Jagd auf den San-Marino-Euro. Prägefrische San-Marino-Euros sind sehr teuer und nur noch im Münzhandel zu bekommen.

Marinus, der Steinmetz

Bis heute erzählen die Bürger San Marinos begeistert von ihrem Stammvater, dem Steinmetzen Marinus. Unter Kaiser Diokletian (reg. 284-305) sollte die zerstörte Stadt Ariminum, das heutige Rimini, wieder aufgebaut werden. Dazu wurden aus allen von Rom besetzten Gebieten Handwerker verpflichtet, unter ihnen der Steinmetz Marinus. Bald wurde er als Grubenarbeiter auf den Monte Titano befohlen, den heutigen Felsen in der Mitte der Republik. Marinus baute in Rimini einen Aquädukt und lebte dort zwölf Jahre lang als angesehener Bürger. Dann aber erschien eine Frau, die sich als seine Gemahlin ausgab, und ihn bei den Behörden verunglimpfte. Andere Quellen sagen, dass Marinus' Bekenntnis zum Christentum der Grund gewesen sei, vor der Verfolgung zu fliehen und sich auf den Monte Titano zurückzuziehen. Auf dem Gipfel des Berges lebte Marinus fortan in einer kleinen Zelle.

Landschenkung nach Wunderheilung

Bald baute Marinus eine Kirche, die er dem Apostel Paulus widmete. Das gefiel Verissimo, dem Sohn der Besitzerin des Landes, Felicissima, ganz und gar nicht. Er wollte Marinus töten, doch dessen Gebete fanden Gehör: Verissimo wurde stumm und die Arme, die einen Pfeil gegen Marinus abschießen wollten, erlahmten. Verissimos Mutter bat daraufhin den frommen Mann um Vergebung und versprach ihm und seinen

Wettbewerb der Ministaaten

Ende Mai/Anfang Juni finden im nordöstlich der Hauptstadt liegenden Sportzentrum von Serravalle die „Spiele der kleinen Staaten Europas" statt. Wie bei der großen Olympiade marschieren alle acht Zwergnationen mit ihren eigenen Flaggen ins Stadion ein. Wer weiß, welche acht Staaten zu Europas Miniaturländern gehören?

Lösung: Andorra, Zypern, Island, Liechtenstein, Luxemburg, Malta, Monaco und natürlich San Marino.

Mehrfach beim Stadtbummel zu entdecken: das Wappen von San Marino

Anhängern den Berg und dessen Umgebung. Der Sohn fand Heilung und beide bekannten sich zum Christentum. Am 3. September 301 starb Marinus, er wurde in seiner Kirche beerdigt, gleichzeitig die Republik San Marino gegründet.

Die Freiheit verteidigen

Erste Station der Tour durch San Marinos Hauptstadt ist die **Basilica del Santo** mit der Chiesetta di San Pietro, wo eine Statue des Schutzpatrons Marino verehrt wird. Eine Urne im Hochaltar enthält die Überreste des Heiligen und Staatsgründers. [Piazza Domus Plebis s/n, Jan-Juni, Mitte Sept-Dez tägl. 9-17, Juni-Mitte Sept tägl. 8-20 Uhr, Eintritt frei]

Um ihr Staatswesen zu erhalten, mussten die Sanmarinesen in der Folgezeit wehrhaft sein und ihren Besitz mit Mauern und Festungen schützen. Von der Basilika aus führt der Weg zu Zeugnissen aus dieser wehrhaften Zeit, den Festungen **Rocca Guaita** (11. Jh.) und **Rocca Cesta** (13. Jh.) sowie dem fünfeckigen Turm Montale auf steil abfallendem Fels. Die Rocca Guaita mit zwei Mauerringen und einem Bergfried ist eine der ältesten Befestigungsanlagen im italienischen Raum überhaupt. In der Rocca Cesta wurde das Museum für antike Waffen (Museo delle Armi Antiche) untergebracht. Wer sich dafür interessiert, wie man im Mittelalter mit mörderischen Geräten gegen seine Feinde kämpfte, findet unter 700 Exponaten ausreichend Gelegenheit, sich waffenkundig zu machen. Die dritte Verteidigungsanlage, der Montale-Turm, war Gefängnis und Ausguck, er ist nicht zu besteigen. [Salita alla Rocca, Salita alla Cesta, Jan-Juni, Mitte Sept-Dez tägl. 9-17, Juni-Mitte Sept 8-20 Uhr, Erw. € 3, Kinder bis 6 J. frei]

Wache mit aufgepflanztem Bajonett

Der Weg ins Zentrum zurück führt unweigerlich zur Piazza Libertà mit dem Regierungspalast, dem **Palazzo Pubblico**. Das Gebäude ist dem auf dem Felsen sehr begrenzten Raum entsprechend hoch und schmal ausgefallen. Am Portal wacht die Festungsgarde in fotogener Uniform: grüner Rock, rote Hose mit schwarzen Seitenstreifen, weiße Handschuhe, flache Schildmütze mit rotem Bommel, an der Seite der Säbel, in der Hand die Muskete mit aufgepflanztem Bajonett. Von Mai bis September stündlich zur halben Stunde (8.30 bis 18.30 Uhr) werden die Wachen abgelöst – für Fotofreunde ein lohnendes Motiv. [Piazza della Libertà s/n, Jan-Juni, Mitte Sept-Dez tägl. 9-17, Juni-Mitte Sept tägl. 8-20 Uhr, Erw. € 3, Kinder bis 6 J.frei]

Ehrenbürger Abraham Lincoln

Nun geht es hinein in den Palazzo Pubblico. Viel Historisches und so manch unerwartete Begegnung hält das Gebäude parat. Im Zwischengeschoss erzählt ein Gemälde von der Belagerung San Marinos durch Kardinal Giulio Alberoni (5.2.1740), einer kurzen Unterbrechung der sanmarinesischen Freiheit. Wer glaubt, in einer Bronzebüste Abraham Lincoln zu erkennen, hat sich nicht getäuscht. Dem US-Präsidenten wurde die Ehrenbürgerschaft von San Marino verliehen. Er dankte dem kleinen Staat am 7. Mai 1861 in einem Brief: „Ihr Land, wenn auch klein, ist eines der verehrtesten der ganzen Geschichte". Natürlich begegnet dem Besucher auch hier im Regierungsgebäude der Gründer des Landes. Marinus wird im Saal des Großen Rats mit dem Gemälde „Der heilige Marinus erscheint seinem Volk" geehrt, auf dem er der Bevölkerung von San Marino sein Erbe vermacht: Freiheit und Unabhängigkeit. Im Wahlsaal wartet schließlich noch einmal eine Begegnung mit dem Staatsgründer: Zwei Gemälde aus dem 17. Jahrhundert hängen hier. Das eine zeigt „Johannes den Täufer", das zweite den „Heiligen Marinus als Steinmetz". Und wer sich für all das nicht interessiert, genießt den herrlichen Ausblick auf die Stadt und die Umgebung tief unter dem hohen Felsen.

Souvenirs, Souvenirs ...

Nach so viel Staatshistorie haben die Besucher vielleicht Lust auf einen Schaufensterbummel und einen kleinen Snack. Von der Piazza Libertà abwärts reiht sich ein Geschäft ans andere. Das Angebot ist nicht besonders exquisit,

Der Palazzo Pubblico, der Regierungssitz von San Marino

aber günstig: Kosmetik, Spirituosen, Schmuck und natürlich Souvenirs – Kitsch pur, manches durchaus ganz amüsant. Die Kinder finden garantiert ein lustiges Andenken, ein witziges Plüschtier, ein Püppchen in Staatstracht oder einen Säbel, wie ihn die Palastwache trägt – natürlich aus Plastik. Oder gar eine mittelalterliche Rüstung? Essen ist in San Marino relativ teuer und in der Saison schwankt die Qualität der Nahrungsmittel. So ist ein kurzer Snack oder das mitgebrachte Sandwich sicher vorzuziehen.

Das Staatsmuseum

Von der Piazza Libertà geht es zum **Kloster San Francesco** (1361 gegründet, Kircheninneres 18. Jh.). Im Kreuzgang (15. Jh.) wurde das Museum für sakrale Kunst mit einer kleinen, wertvollen Gemäldesammlung untergebracht. Wenigstens den „Schmerzensmann" aus der umbrischen Schule (16. Jh.) und die „Anbetung der Weisen" von Antonio da Ferrara aus dem 15. Jahrhundert sollte man suchen und betrachten. [Chiesa/ Museo San Francesco, Via Basilicius s/n, Jan-Juni, Mitte Sept-Dez tägl. 9-17, Juni-Mitte Sept tägl. 8-20 Uhr, Erw. € 3, Kinder bis 6 J. frei]

Konkurrenz im kulturellen Angebot San Marinos macht das Staatsmuseum **Museo di Stato** im Palazzo Pergami. Die nach neuesten didaktischen Erkenntnissen aufgebaute Sammlung bietet interessante und überraschende Einblicke in die Geschichte des Zwergstaates von der Steinzeit bis zum Mittelalter. [Museo di Stato, Scala Bonetti 2, Jan-Juni, Mitte Sept-Dez tägl. 9-17, Juni-Mitte Sept tägl 8-20 Uhr, Erw. € 3, Kinder bis 6 J. frei]

In speziellen Spirituosengeschäften sind fast alle Marken der Welt vertreten

Tour 9: Alte Städte im Hinterland

Santarcangelo di Romagna • Verucchio • San Leo

Wo: Hinterland Bellaria/ Rimini/Riccione – Wie: mit dem Auto – Dauer: Tagestour – Nicht vergessen: Pullover, Kamera und Blitz, Feldstecher

Große wie kleine Reisende werden begeistert sein: Die Tour beginnt mit einem abenteuerlichen Abstieg in die Unterwelt Santarcangelos, wo Sie ein System aus 150 Grotten erwartet. Außerdem gibt es in dem hübschen Städtchen Gelegenheit, Kunsthandwerkern beim Stoffdruck zuzuschauen, die größte Mangel der Welt zu bewundern und so manches Kunstwerk zu studieren. Durch das Marecchia-Tal geht es dann nach Verucchio, wo Sie Grabschätze der rätselhaften Villanova-Kultur ansehen können. Nächste Station ist das uneinnehmbar auf einem Felsblock liegende San Leo, eine romantische Burgsiedlung. Beeindruckend ist die mächtige Rocca di San Leo, wunderschön der Blick weit übers Land. Die Tour (von Rimini 40 km) ist an einem Tag gemütlich zu schaffen, allerdings gilt es, wegen der Öffnungszeiten gut zu planen und die Mittagspausen zu beachten.

Marsch durch die Unterwelt

Nur zehn Kilometer sind es von Rimini landeinwärts bis **Santarcangelo di Romagna**, Startpunkt der Tour. Santarcangelo hat gleich mehrere Sehenswürdigkeiten zu bieten. Auf der Piazza Ganganelli, nach einem Originalplan des 18. Jahrhunderts restauriert, verdient der Triumphbogen (1777) einen Blick. Er wurde zu Ehren von Lorenzo Ganganelli errichtet, einem Sohn der Stadt, der als Papst Clemens XIV. Kirchengeschichte machte (1769). Doch dann sollte der zweite Schritt dem Informationsamt in der Via Battisti Nr. 5 gelten. Denn nur dort ist zu erfahren, wann **Le Grotte**, das Höhlensystem, besichtigt werden kann, möglichst mit Führung. Dieses Erlebnis dürfen Sie sich nicht entgehen lassen (siehe S. 94; Tipp: Pullover mitnehmen, unten ist es frisch!). [Touristenamt

Handwerkliche Heilige

Als wär's ein Treffen unter Handwerkern – so präsentiert Cagnacci das Jesuskind mit Vater und Bischof Eligius auf einem Gemälde in der Kollegiatskirche von Santarcangelo. Jesus stützt den großen Hammer auf eine Hobelbank. Am Boden liegen zusammengerollte Holzspäne. Vater Joseph – seines Zeichens Zimmermann – stützt sich auf eine Handsäge. Bischof Eligius (588-660) sind Amboss und Vorschlaghammer beigegeben, schließlich ist er Patron der Gold- und Hufschmiede – ein Handwerk, das in Santarcangelo eine lange Tradition hat.

I.A.T., Via Battisti 5, 47822 Santarcangelo, Tel. 0541-62 42 70, www.comune.santarcangelo.rm.it]

Kunstwerke aus Stoff

Nach dem Gang durch Santarcangelos Höhlensystem lohnt ein Blick in die **Chiesa Collegiata** (1756), allein schon wegen des Gemäldes „San Giuseppe, San Eligio e Gesù Bambino" (1635, links vom Hauptschiff) von dem in der Stadt hoch verehrten Guido Cagnacci, 1601 in Santarcangelo geboren (siehe Kasten S. 73) [Piazza Balacchi s/n, tägl. 8-12, 15-19 Uhr]. Nur wenige Schritte entfernt, in der Via Battisti 15, wartet die dritte Sehenswürdigkeit Santarcangelos: die **Stamperia Artigianale Mangano**. Bereits seit mehr als drei Jahrhunderten bedruckt hier die Familie Marchi Leinenstoffe mit handgeschnitzten Holzmodeln, die in rostrote Farbe getaucht werden (siehe Bild links). Die Besucher dürfen den Marchis bei der Arbeit zusehen und erleben, wie das Tuch aus Baumwolle und Leinen Stück um Stück mit Ornamenten, stilisierten Früchten, Blumen und Tieren geschmückt wird. Im Keller ist die größte Mangel der Welt (genannt Mangano) aus dem Jahr 1633 zu besichtigen. Von einem doppelt mannshohen Holzrad betrieben, wird der mit einem tonnenschweren Stein beschwerte Holzarm über eine Rolle Leinen gerollt, der Stoff gepresst. Das auf diese Weise behandelte Gewebe erhält durch die hohe Belastung absolute Glätte und den typischen Glanz. Wer nun ganz begeistert von den schönen Stoffen ist, hat im dazugehörigen Laden Gelegenheit, das ein oder andere Mitbringsel zu kaufen –

Magischer Bernstein

Wie verzaubert leuchtet der Bernstein im Thronsaal (Sala del Trono) des Archäologischen Museums von Verucchio (siehe S. 75). Eine Hand ist als Negativabdruck darin zu erkennen. Kein Wunder, dass dem Bernstein in früheren Kulturen magische Kräfte nachgesagt wurden. Wer seine Hand in die leuchtende Form legt – nur Mut, es schmerzt nicht –, löst eine überraschende Reaktion im Saal aus! Einfach hinsetzen und genießen, die magische Wirkung dauert etwa zehn Minuten.

Seit mehr als 300 Jahren bedruckt die Familie Marchi Leinenstoffe

garantiert handgemacht. [Via Battisti 15, Tel. 0541-62 60 18, Mo-Mi, Fr 9-12.20, 15.30-19 Uhr, Eintritt € 1, Kinder bis 10 J. frei]

Die Wache über dem Malatesta-Land

Weiter geht's nach **Ponte Verucchio**. Die Strecke führt durch das Marecchia-Tal mit zahlreichen Seen und Teichen, ein Paradies für Stockenten, Blesshühner, Sumpffalken und Reiher. Dann führt der Weg hoch auf 300 Meter Höhe nach **Verucchio**, überragt von der **Rocca** und ursprünglicher Sitz der Malatesta-Dynastie, Herrscher von Rimini und Umgebung. [Pro Loco, Piazza Malatesta 21, 47826 Verucchio, Tel. 0541-67 02 22, www.prolocoverucchio.it]
Malatesta da Verucchio (1212-1312), der erste Spross des Herrscherhauses, hat die Burg gegründet. Der imposante Große Saal lässt Macht und Reichtum der Dynastie erahnen. Vom Aussichtsplatz zu Füßen der Burg oder vom Mastio, dem Burgturm, aus ist das gesamte Gebiet bis hinüber zur Adria zu überblicken, über Jahrhunderte alles Besitz der Malatesta. [Rocca Malatestiana, Via Rocca s/n, Mitte April-Sept tägl. 9.30-12.30, 14.30-19.30, Okt-März nur Sa 14.30-18.30, So, Fei 10-13, 14.30-18 Uhr, Erw. € 5,50 Kinder (8-14 J.) und Senioren (über 65 J.) € 4]
Die Malatesta wussten noch nichts von der Villanova-Kultur, die sich vom 9. bis zum 7. Jahrhundert v. Chr. in dieser Gegend entwickelt hatte. Erst Ausgrabungen zwischen 1969 und 1975 brachten die große Überraschung ans Licht, die weiter unten im **Archäologischen**

Entdeckung beim Streifzug durch Santarcangelo: das Haus eines Arztes

Gut essen im Marecchia-Tal

Das Marecchia-Tal ist bekannt für seine gute Hausmannskost. Bei der Pasta sollten die Strozzapreti („Priesterwürger") probiert werden. Gute Adressen in Verucchio: ***Alla Rocca*** *(Dalla Margherita), Via Rocca 34, Tel. 0541-67 98 50, Mi geschl.,* ***Ro'e Buni****, Villa Verucchio, Via Molino Bianco 697, Tel. 0541-67 84 84; in San Leo:* ***Il Bettolino****, Via Montefeltro 4, Tel. 0541-91 62 65,* ***Dalla Castello****, Piazza Alighieri 11/12, Tel. 0541-91 62 14, Do geschl.*

Museum im Augustinerkloster zu besichtigen ist. Von Verucchio aus kontrollierten die Villanova-Menschen den Handel mit kostbaren Waren des Kontinents und des östlichen Mittelmeerraums. Grabfunde bezeugen den Reichtum der Eisenzeit-Händler. Allein am Fuße der Malatesta-Burg sind 266 Begräbnisstätten entdeckt worden. Ein Glücksfall für die Archäologen: Die besonderen physikalischen Eigenschaften des Gesteins konservierten auch organische Materialien, die in anderen Fällen längst verrottet wären: Holzgegenstände wie Tischchen, Hocker, Weidenkörbe und Gewebe aus gefärbter Wolle, die das Geschick der Weber der Früheisenzeit beweisen.

Der Schatz in vielen Hundert Gräbern

Andere Gegenstände wie Juwelen, feinster Schmuck aus Bernstein, Keramik, Bronzefiguren, Waffen und Teile von Rüstungen blieben erhalten, weil sie dem Feuer widerstanden. Die Menschen der Villanova-Kultur pflegten nämlich den Ritus der Feuerbestattung. Zunächst wurde die Leiche mit all den Sachen, die Reichtum und Ansehen der Person signalisierten, verbrannt. Dann wurde alles was übrig blieb, Reste der Knochen und nicht verbrannte Beigaben, in einer Urne verschlossen. An einem anderen Ort wurde das Ossarium in einer Familiengruft beigesetzt, Gegenstände, die dem Toten gehörten oder ihm geopfert wurden, daneben gelegt. Durch geologisch günstige Umstände blieb der Grabinhalt voll erhalten. Die aus Bernstein gefertigten Kunstgegenstände beweisen, dass die Menschen der Villanova-Kultur bereits mit Irland, Großbritannien, Skandinavien und dem Baltikum Handel trieben. [Museo Archeologico, Via Sant'Agostino s/n, Mitte April-Sept tägl. 9.30-12.30, 14.30-19.30, Okt-März nur Sa 14.30-18.30, So, Fei 10-13, 14.30-18 Uhr, Erw. € 5,50, Kinder (8-14 J.) und Senioren (über 65 J.) € 4]

Der Alchimist im Kerker

Die Person des Giuseppe Balsamo Conte di Cagliostro (1743-1795) ist bis heute umstritten. Freimaurer, Esoteriker, Scharlatan? Er traf Schiller und Goethe, legte sich mit der Kirche an, wurde 1790 zum Tode verurteilt, seine Werke verbrannt. Papst Pius VI. begnadigte Cagliostro, ließ ihn aber in der Rocca San Leo schmoren. Viereinhalb Jahre, die meiste Zeit in einer winzigen, feuchten Zelle. Mit 52 Jahren starb er an den Folgen der Folter.

San Leo auf hohem Fels

Ende des dritten Jahrhunderts zog sich der heilige Leo auf den Fels zurück, um zu meditieren und eine Kirche zu bauen. Allmählich wurde das Plateau besiedelt und der ursprünglich römische Wehrturm befestigt. Kriegerische Heere versuchten, **San Leo** einzunehmen, doch alle mussten unverrichteter Dinge wieder abziehen. Zuletzt belagerte der deutsche König Otto I. den Felsenzacken, Berengarius II., König von Italien, war im Jahr 961 vor ihm in die Burg von San Leo geflohen. Otto gab nach einigen

Monaten auf, und manche Historiker bezeichnen San Leo seitdem als das kleinste ehemalige Königreich Italiens. [Ufficio Turistico, Palazzo Mediceo, Piazza Dante Alighieri, Tel. 0541-91 63 06, www.san-leo.it]

Die Besucher zieht es zuerst zur **Forte Rinascimentale**, zur Burg, hinauf. So wie die Festung heute steht, wurde sie 1497 im Auftrag des Herzogs von Montefeltro erbaut. „Das schönste und größte Kriegswerkzeug der Region", schwärmte Kardinal Pietro Bembo noch im 15. Jahrhundert. Heute schaudern friedliche Touristen, wenn sie die 120 Meter hohe Felswand nach unten schauen, und zittern noch mehr, wenn Sie erfahren, dass im 17. und 18. Jahrhundert zwei Bastionen mit einem großen Felsblock nach unten stürzten. Beruhigend ist der Blick in die Ferne, San Marino, Verucchio und Montebello sind zu sehen, Cesenatico erkennt man durch sein modernes Wahrzeichen, einen Wohnturm, und Ravenna breitet sich vor der Adria aus. Als der Kirchenstaat San Leo übernahm, wurde die Rocca zum Gefängnis (1630-1860). Die Verliese zu besichtigen, gehört zum Programm. In Ausstellungen wird auf den prominenten Gefangenen Cagliostro hingewiesen, ein zum Tode verurteilter, dann zu lebenslanger Haft begnadigter Alchimist und Freimaurer (siehe Kasten S. 76). Welche Folter die Gefangenen aushalten mussten, erfährt der Besucher in den Celle di punizione, den Folterkammern. [Forte Rinascimentale (Rocca), tägl. 9-19 Uhr, Erw. € 8, Kinder (6-14 J.) und Senioren (über 65 J.) € 3]

Als Abschluss bietet sich ein Stopp in San Leos bester Gelateria an. Bei einer Portion Eis, Familiengröße, können Sie das Gesehene Revue passieren lassen und entscheiden, welche Eissorte am besten schmeckt. [Contrada Michele Rosa 72, „Gelateria/Crepes"]

Wie in den Fels gewachsen: die Festung von San Leo

Tour 10: Blick in die Marken

Gradara • Parco Naturale San Bartolo • Pesaro • Mondaino • Saludecio

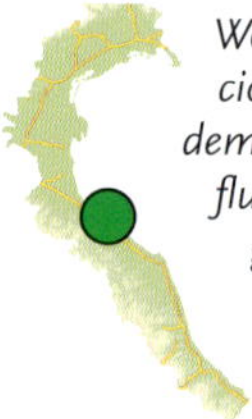

Wo: südlich von Rimini, Riccione, Cattolica – Wie: mit dem Auto – Dauer: Tagesausflug – Nicht vergessen: Fernglas, festes Schuhwerk

Gabbice Mare bildet das Ende der goldenen Sandstrände, gehört schon zur Region der Marken (Marche). Von hier geht es ins Landesinnere zur Festungsstadt Gradara, die sich wie für einen Film herausgeputzt präsentiert. Auf einem Rundgang durch die Festung spüren Sie Leben und Lieben von Rittern und Edelleuten nach. Danach folgt eine aufregende Fahrt auf teils schwindelerregender Panoramastraße quer durch den Parco Naturale San Bartolo, eine bäuerliche Landschaft unter Naturschutz, 200 Meter über dem Meer. Naturfreunde werden ihren Spaß mit Käuzchen, Zwergohreule & Co haben. Wieder unten an der Adriaküste bietet sich Pesaro für eine Mittagspause oder eine Erfrischung am Strand an. Die meisten fahren aber lieber gleich wieder landeinwärts ins Kräuterstädtchen Saludecio, das auch durch seine Wandmalereien Ruhm erlangte. Dann geht es wieder ins Auto

Mauern, Tore, Bastionen und eine Rocca bilden die Malatesta-Stadt Gradara

Königliche Pizza

Eine tolle Geschichte für die nächste Party: Die Pizza ist in Neapel groß geworden, von dort aus machte sie ihren Siegeszug um die Welt. Zunächst wurde der sparsame Brotfladen nur mit Olivenöl, Kräutern und Käse belegt. Als ein Pizzabäcker in Neapel seinen Teig mit Basilikum, Mozzarella und Tomaten belegte (Italiens Landesfarben), fand er gleich eine Liebhaberin der neuen Kreation: Königin Margarete von Savoyen. Nach ihr wurde dann die klassische Variation im Jahr 1869 Pizza Margherita getauft.

und zurück nach Cattolica. Insgesamt sind hundert Kilometer zu fahren. [APT Regionale Gabicce Mare/Gradara, Viale della Vittoria 42, 61011 Gabicce Mare, Tel. 0541-95 44 24, www.gradara.org]

Auf Ritters Spuren

Das mittelalterliche **Gradara** reizt schon aus der Ferne mit seinen zinnenbekrönten Mauern. In der Hauptsaison wird die Erkundung des Ortes allerdings zur Last, es sei denn, die Ausflügler haben sich früh auf den Weg gemacht, sind schon vor 10 Uhr im Ort – denn danach kommen die Massen per Bus. Gradara gibt sich als Widerspruch: Ist man endlich in der **Burg**, kann man in Sälen und Kapellen das Leben der Ritter und der Edelleute wie der Malatesta, Sforza und anderer Herrscher verfolgen. Doch die lange Straße zur Festung gestaltet sich wie eine Walt-Disney-Show, die Bürgersteige sind mit allerlei Kram zugestellt, Geschmack und Stil verschwinden hinter Plastik und Plüsch, hinter skurrilen Ideen, angefangen vom Gekreuzigten mit drei Gesichtern bis zum Horrormuseum mit afrikanischen Geistern. Wer den Weg der Geschäftemacher zunächst scheut, sollte hinter dem Eingangstor rechts durch eine Galleria den Turm und den Wehrgang besteigen. Von dort oben überblickt man die Struktur des Kastells (12. Jh.) und die von den Malatesta erweiterte Verteidigungsanlage, die nicht nur die Burg, sondern das gesamte Städtchen umschließt. 13 hohe, viereckige Türme sind zu zählen, oben links eine befestigte Bastion. In der rechten oberen Ecke der Ansiedlung liegt die Rocca, das Kastell von Gradara. [Rocca di Gradara, oberer Stadtteil, tägl. 8.30-18.30, Mo nur bis 13 Uhr. Erw. € 4, erm. (18-25 J.) € 2, Kinder unter 18 J. u. Senioren über 65 J. frei]

Passions- und Puttensaal

Beim Blick vom Turm aus entsteht dann doch das Verlangen, hinter die dicken Mauern zu schauen, das Kastell zu besichtigen. Entweder Sie lassen sich dort einfach treiben oder Sie fangen ganz gezielt ein paar Höhepunkte ein. Im fürstlichen Innenhof wurde der Stein eines römischen Grabmals verwendet, L. Demetri ist zu lesen, ein Zeugnis der einst unter der Burg vorbeiführenden Via Flaminia. Vom Eingang aus gesehen hinten links in der Kapelle ist ein Altarbild aus glasierter Terracotta von Andrea della Robbia (1480) zu bewundern: Madonna mit Kind, begleitet von Heiligen. Im ersten Stock, im Saal 3 – nach

Vogelprozession im Naturpark

Es lohnt sich, im Naturpark mit dem Feldstecher den Artenreichtum der Wasservögel zu bestimmen: Sturmmöwen mit schwarz-weißen Flügelspitzen, die schnell erkennbare Schwarzkopfmöwe, die Dreizehenmöwe mit schwarzer Flügelspitze, die Heringsmöwe mit schwarzem Mantel. Über dem Felsen kreisen Raubvögel, Reiher und Störche ziehen vorbei. Fressgierige Kormorane, Spechte sowie Strand- und Uferläufer mit überlangen Schnäbeln ergänzen die Prozession der Wasservögel.

Heuschrecke trifft auf Flockenblume

dem mit der Passionsgeschichte bemalten Fries „Passionssaal“ genannt – fällt das Gemälde „Die bußfertige Magdalena“ (16. Jh.) auf: Die Heilige erscheint in transparentem Gewand, demütig den Blick zum Himmel gerichtet, umgeben von ihren Attributen Totenschädel, zerbrochene Vase mit Kräutern und Buch. Saal 8, der Puttensaal, ist den ausgelassenen Amorengeln gewidmet. Geraten werden darf, ob sich in Saal 11, der Kammer Francescas, wirklich die tragische Liebesgeschichte zwischen Paolo und Francesca zugetragen hat (siehe S. 8).

Buhu und Kjuwiek

Nach so viel Zinnen, Türmen und Gemälden geht's nun hinein in die Natur. Die Fahrt führt wieder Richtung Meer und bei Gabicce Mare hoch nach Gabicce Monte zur Strada Panoramica. Die bis Pesaro 20 Kilometer lange Panoramastraße windet sich auf einem nach ewigen Sandstränden urplötzlich aufragenden Steilfelsen entlang, 200 Meter hoch. Die Klippe ist vor zehn bis sechs Millionen Jahren entstanden, als das Meer zurückwich, das subtropische Klima einem kühleren Platz machte. Hier breitet sich der **Parco Regionale del Monte Bartolo** aus (1.586 ha). Anfangs bieten sich mehrmals fantastische Ausblicke auf das mittelalterliche Gradara. Im Fels aus Mergel, Kalk und Tuff sind Fossilien und seltene Gipskristalle zu finden, in den von den Wellen geschlagenen Nischen nisten allerlei Wasservögel (siehe Kasten). In den Wäldern hört man das „Buhu“ des Uhus und das „Gju“ der Zwergohreule. Käuzchen erzeugen mit ihren Schreien, dem typischen „Kjuwiek“, Gänsehaut. Seit der

Durchsetzung von Tier- und Umweltschutzmaßnahmen sind auch wieder Rehe eingezogen. Fuchs, Dachs und Igel tummeln sich im Unterholz.

Stadt oder statt Stadt Natur?

Nach so viel Natur ist es fraglich, ob ein Stadtspaziergang durch **Pesaro** allgemeinen Anklang findet. Sehenswürdigkeiten sind rar, eine ungezähmte Großstadt erdrückt das kleine historische Zentrum. Eventuell kann eine Erfrischung an einem der Stadtstrände oder gar eine Mittagspause in einem preiswerten Restaurant (siehe Kasten) in das Tagesprogramm eingebaut werden.

Wer in der Natur bleiben möchte, umgeht die Industrie- und Hafenstadt, fährt über Montecchio und Mondaino ins Kräuterdorf Saludecio. [APT Regionale, Viale Trieste 164, Tel. 0721-693 41, iat.pesaro@regione.marche.it. Büro des Parco Regionale, Viale Dante Alighieri 40, www.parcosanbartolo.it, Infos über Wanderwege und Veranstaltungen]

Ein Stopp in **Mondaino** macht Spaß und lädt zu einem Rundgang durch das mittelalterliche Burgdorf ein. Meist versammeln sich die Einwohner unter den neoklassischen Arkaden der kreisrunden Piazza Maggiore. Hier werden die Feste des Ortes gefeiert, zum Beispiel der Palio del Daino in der zweiten Augusthälfte. [Pro Loco, Piazza Maggiore 1, Tel. 0541-98 16 74, www.mondaino.com]

Die **Rocca Malatestiana** (14. Jh.) macht schon bei der Anfahrt neugierig. Hier ließ Sigismondo Pandolfo Malatesta als

Mit dem Tourismus erhalten die alten Handwerke wieder neuen Schwung

Preiswert essen in und um Pesaro

*Die Hafenstadt Pesaro hat einige preiswerte und gute Restaurants. Wer nicht in die Altstadt fahren möchte, kann bei **Da Gennaro** (Via Santa Marina Alta 30, Tel. 0721-273 21, So Abend und Mo geschl.), sieben Kilometer von der Stadtmitte am Ende der Strada Panoramica gelegen, einkehren. Mitten in der Altstadt finden hungrige Mäuler in der **Antica Osteria La Guercia** (Via Baviera 33/ Piazza del Popolo, Tel. 0721-334 63, So geschl.) gute Haxen, Spanferkel und vieles mehr.*

Fluchtweg unterirdische Gänge bauen, wohl wissend, dass er dem 1459 mit Federico II., dem Herzog von Urbino, geschlossenen Friedensvertrag nicht trauen konnte. Drei Jahre später gelingt es Federico nach mehreren Versuchen, die Rocca von Mondaino zu erobern. Sigismondo nutzt seine unterirdischen Geheimgänge. Diese geben heute noch der Fantasie manche Anregung. Ein böser Geist solle hier sein Unwesen treiben, wird häufig geschrieben. Doch befragte Einwohner winken ab, verweisen lieber auf das in der Burg untergebrachte Museo Paleontologico. Mit Recht, denn in den Ablagerungen rund um Mondaino wurden nicht nur fossile Pflanzen gefunden, sondern auch Haifischzähne, Seeigel und 21 Fischarten. [Rocca Malatestiana und Museo Paleontologico (Fossilien), Piazza Maggiore 1, Mai-Sept Mo, Mi, Do, Sa 9-12, Fr 16-19, Okt-April Mo, Mi, Do, Fr, Sa 9-12 Uhr, Eintritt frei]

Von Kräutern und Wandmalereien

Im Landwirtschaftszentrum **Saludecio**, hoch über dem Conca-Tal, riecht es schon vor dem Ort nach hundert Kräutern. [Pro Loco, Piazza Beato Amato Roncani 1, Tel. 0541-86 97 01, www.comunesaludecio.it] Das Faible für duftende Kräuter wird beispielsweise beim Sonntagsmarkt und im Garten mit Arzneipflanzen und Gewürzkräutern vor den Toren des Städtchens erweitert. Vorbei an mehreren Palazzi führt der Weg zum Santuario Beato Amato, das ein sehenswertes **Museo d'Arte Sacra** besitzt. [Museo d'Arte Sacra, Santuario Beato Amato, Piazza Beato Amato Ronconi s/n, Saludecio, Sa, So nachmittags, Eintritt frei] Gleich daneben steht die barocke Wallfahrtskirche **San Biagio** mit wertvollen Gemälden von Cagnacci. [Piazza Beato Amato Ronconi 1, tägl. 8-12, 15-18 Uhr, Eintritt frei]
Beim Bummel durch den Ort sollten Sie immer mal wieder in die Seitengassen schauen, denn dort hat eine neue Attraktion für Stimmung und Farbigkeit gesorgt: Künstler haben die Mauern und Häuserwände bemalt, und zwar mit den Erfindungen des letzten und vorletzten Jahrhunderts. So ist der zischenden, ratternden Eisenbahn eine Wand gewidmet, eine andere dem Automobil, eine dem Akkordeon, dem Plattenspieler und der Pizza Margherita, die 1869 mit den italienischen Staatsfarben Grün-Weiß-Rot (Basilikum-Mozzarella-Tomaten) in Neapel kreiert wurde (siehe Kasten S. 79).

Kräuter, Kunsthandwerk und Pfannkuchen

*Wer um den 25. April nach Saludecio kommt, hat Glück. Denn dann ist **Salus-Erbe** und alles dreht sich um wohlriechende Kräuter und schönes Kunsthandwerk. Kräutergärtner und Kunsthandwerker belegen Straßen und Gassen Saludecios mit ihren Waren: Tuchverarbeitung, Schmiedeeisen und Keramik, darunter Geschirr für die Herstellung der typischen **Piadine**. Der Fladen ähnelt einem Pfannkuchen und wird mit unterschiedlichen Leckereien belegt – unbedingt probieren!*

DIE TOLLSTEN ATTRAKTIONEN FÜR KINDER

Die meisten großen Attraktionen öffnen von April bis Mitte September täglich von 10 bis 18 Uhr, einige im Juli und August von 10 bis 23 oder 24 Uhr. Im März und von Mitte September bis Oktober ist nur an wenigen Tagen geöffnet (Ausnahme Italia in Miniatura). Prospekte mit Öffnungszeiten gibt es in Hotels, Campingplätzen und Info-Stellen. Die Wasserparks laden zwischen Mai und Mitte September von 10 bis 18 Uhr zum Besuch ein. Abweichungen (wie ganzjährige Besuchszeiten) sind bei der jeweiligen Attraktion vermerkt.

Il Parco dei Pappagalli

Wenn Valentina Barcarolo den Arm ausstreckt, kommt Dory, das blau-gelbe Ara-Weibchen geflogen und beginnt zu schmusen. Der kleine Sonnensittich kommt eifersüchtig herbei, um ebenfalls gestreichelt zu werden. Als Begleitmusik kreischen die Loris, wegen des bunten Federkleids auch Regenbogenpapageien genannt, in den Bäumen des Parco dei Pappagalli. Biologin Valentina, Tochter des Gründers Giorgio Barcarolo, erklärt den Besuchern Verhalten und Charakter der rund 300 Arten. In acht großen Volieren sind die bunten Vögel untergebracht, die zum Ergötzen des Publikums nicht aufhören, zu schnäbeln und zu werben.
In Zusammenarbeit mit Universitäten und Naturwissenschaftlern erforscht der Park die Welt der Papageien, ihre Körpersprache wird studiert und „das Papageien-ABC wird versucht zu knacken“, wie sich Valentina ausdrückt. Außerdem sollen in ihrer Heimat vom Aussterben bedrohte Vögel – etwa 40 Prozent – hier gezüchtet werden, um sie später wieder auszuwildern. In der Nursery, der Kinderstube, können die Gäste beim Schlüpfen und Füttern der winzigen Federbällchen zuschauen.

Valentina Barcarolo mit Dory, dem Ara-Weibchen, und dem Sonnensittich

Il Parco dei Pappagalli: *Via Tomadini s/n, Tel. 0431-51 30 16, www.parcodeipappagalli.com, ganzjährig von 9 Uhr bis Sonnenuntergang, So Nachmittag kostenlose Führungen, Eintritt: Erw. € 8, Kinder (3-10 J.) € 5, Senioren (über 65 J.) € 6. Für die Pausen gibt es ein papageienbuntes Restaurant und schattige Picknickplätze im großen Garten.*
Anfahrt: *am Ortsende von Latisana Richtung Gorgo (nördlich von Lignano) gelegen.*

Gulliverlandia und Aquasplash

Kinder und Eltern werden in Gulliverlandia nicht zu Riesen, sondern eher zu kleinen Menschlein, wenn sie vor nachgebauten Denkmälern und Städten stehen, vor dem Eiffelturm beispielsweise – oder vor den Pyramiden und den Götterköpfen der Mayas. Wer es wagt, den Panoramic Tower zu entern, um die Adria-Landschaft zu betrachten, sollte zuerst seinen Magen fragen. Einigermaßen stimmt das Gleichgewichtsgefühl erst wieder im Aquarium, wo in einem Unterwassertunnel Haifische und Rochen ihre Bahnen ziehen und blutgierige Piranhas auf Futter warten. Ganz friedlich geht es dagegen im kleinen Schmetterlingshaus zu, etwas abenteuerlicher bei den 15 Dinosauriern. Beim Gully-Circus dürfen mutige Kinder in die Arena und mitmachen, draußen wird zur Seehund-Show gerufen. Etwas derber sind die mittelalterlichen Ritterspiele, per Grubenzug und Gokart werden Denkmäler der Welt bestaunt.
Gleich neben Gulliverlandia wartet Lignanos Aquasplash auf Wasserratten.

Gulliverlandia: Familienspaß im Staat der Liliputaner

Enten an der Leine

Auf einer Fahrt durch die Lagunen bei Grado und Aquileia (siehe S. 32) sind in den Hafenbecken langsam schwimmende Enten zu entdecken. Bei näherem Hinsehen erkennt man, dass die bunten Erpel aus Holz oder Schilf gebastelt wurden. Diese Lockenten sollen wilde Enten verführen, bei den vermeintlichen Artgenossen zu landen. Und dann brauchen die Lagunenfischer, die auch Entenbraten schätzen, nur noch zu zielen und abzudrücken. Früher wurden zur Entenjagd zahme Enten als Lockvogel genommen und angeleint ins Wasser gelassen. Zu oft wurden jedoch aus Versehen die zahmen Wasservögel erschossen. Seitdem wird mit Attrappen gejagt.
Tipp: In Souvenirläden gibt es hübsche Imitationen, ein interessantes Geschenk.

Aquasplash bietet alles vom Temporausch bis zum gemütlichen Planschen

Allein sechs Rutschen verschiedenen Schwierigkeitsgrades stehen auf dem Areal. Den ständig beregneten Riesenpilz erklimmen Kinder und Erwachsene mühsam per Tau – und gleich geht es wieder abwärts auf Hosenboden und Rücken. Pools in jeder Größe und Form sind vorhanden und ein Piratenschiff steht zum Entern bereit.

Gulliverlandia: *Via San Giuliano s/n, Lignano, Tel. 0431-42 31 33, www.gulliverlandia.it, Eintritt: Erw. € 16, Kinder (3-8 J.) € 13.*
Aquasplash: *Viale Europa 13, Tel. 0431-42 88 26, www.aquasplash.it, Eintritt: Erw. € 19, Kinder (3-8 J.) € 15. Parkplatz gratis, Picknickplatz und preisgünstiges SB-Restaurant.*

Parco Junior

Nur Kinder bis zu 14 Jahren dürfen die Vergnügungen des Parco Junior benutzen. Wie echte Indianer geht's per Kanu den Wasserkanal entlang. Dann wechselt Klein-Winnetou über ins Tret-Kart und veranstaltet im Minijeep wilde Rennen. Als Nächstes steuern Nachwuchskapitäne große Pötte oder hüpfen in der Gummiburg, bis sie müde sind. Animateure kümmern sich um die Kleinen, die Eltern haben frei. Sollte es regnen oder die Hitze gar zu groß sein, finden die Junioren Attraktionen unter Dach, wie zum Beispiel viele Spiele und sogar eine

Minikegelbahn. Ein Schnellimbiss bietet nicht nur Pommes frites und Bratwurst, sondern auch diverse leckere Kindermenüs an.

***Parco Junior:** Viale Centrale s/n, Lignano Sabbiadoro, Tel. 0431-72 13 70, www. netanday.it/junior, Mai, Juni, Sept 10-13, 16.30-23, Juli, Aug 10-13, 16.30-23.30 Uhr, Eintritt: Bezahlung mit Gettone, je nach Benutzung der Spieleinrichtungen, Preisreduzierung beim Kauf größerer Mengen.*

Wiederkäuendes Giraffentrio im Parco Zoo Punta Verde

Parco Zoo Punta Verde

Selbstverständlich sind auch die Lieblinge aller Kinder, die Affen, zu sehen, darunter das nach dem ungarischen Komponisten benannte Liszt-Äffchen. Bestaunen kann man insgesamt 900 Tierarten mit 1.500 Exemplaren, ihre artgerechte Haltung wird gelobt. Eine durchdachte Wegführung hilft, keine der Tierfamilien zu verpassen. Die in freier Wildbahn gefährlichen Großkatzen sind zu sehen: Löwen, Tiger, Panther, Servale, Pumas und Jaguare, im Wasser warten Krokodile (ital. coccodrilli). Die friedlicheren Tiere sind Giraffen, Zebras, Kamele, spuckende Lamas, mollige Waschbären und Nilpferde. Auch die Vogelwelt ist hier zu Hause: Kraniche, langbeinige Strauße, großschnabelige Tukane und sprechende Papageien. Im Streichelzoo warten Ziegen, Ponys und Mähnenschafe auf etwas Zärtlichkeit. Futter aus dem Automaten ist erlaubt.

Ob Bock oder Geiß, alle Tierchen suchen Streicheleinheiten

***Parco Zoo Punta Verde:** Via Scerbanenco 19, Lignano Sabbiadoro, Tel. 0431-42 87 75, www.parcozoopunta verde.it. April-Sept 9-18/19 Uhr; 1. Hälfte März/Okt nur Sa, So, 2. Hälfte Mo-Fr bis 16 Uhr, Eintritt: Erw. € 11, Kinder (3-11 J.) € 8. Restaurant, Picknickzonen, gebührenfreier Parkplatz.*

Aqualandia

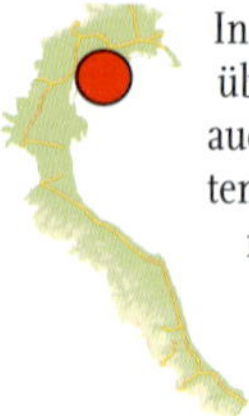

In Aqualandia gibt es außer den üblichen Pools und Rutschen auch rasante Schlauchbootfahrten auf dem Crazy River und – nur etwas für starke Nerven – die höchste Rutschbahn der Welt! Aus einer Höhe von 42 Metern rasen mutige Kids auf Matten mit einer Höchstgeschwindigkeit von 100 km/h hinab. Ferner gibt es Kletterwand, Inline-Skating, Aerobic, Abenteuer-Minigolf, Fitnesszentrum und Tauchschule. Für müde Eltern toll: Die Kleinen werden im Kinderlandia-Club mit Zirkus und Gummiburg betreut.

Aqualandia: *Via Buonarroti 15, Lido di Jesolo, Tel. 0421-37 16 48, www.aqualandia.it, Eintritt: Erw. € 24, Kinder bis 1 m frei, von 1-1,40 m u. Senioren (über 60 J.) € 20, 14-18 Uhr € 20/16. Mit SB-Restaurant, Snack-Bar, Pizzeria und Picknickplatz.*

Pista Azzurra

Auf kurvenreicher Asphaltpiste können Erwachsene und Kinder ab zwölf Jahren den Rausch der Geschwindigkeit erleben. Alle träumen für kurze Zeit von Grand-Prix-Siegen, hecheln dem vorne fahrenden Boliden hinterher. Auf der gepflegten Bahn in Lido di Jesolo werden auch die Kart-Wettrennen „Ferrarissimo" veranstaltet (Termine im Internet). Wer sein eigenes Gefährt mitbringt, findet eine gut ausgestattete Werkstatt vor. Ein besonderer Gag ist das Side-Kart, ein Doppelsitzer.

Pista Azzurra: *Via Roma destra 90, Lido di Jesolo, Tel. 0421-97 24 71, www.pista-azzura.com. Mai-Sept tägl. 8-12, 15-24 Uhr, 8 Min. Baby-Kart € 8, 120 ccm-Kart € 12, 200 ccm-Kart € 18, Side-Kart für 2 Pers. € 18.*

Spannung vor dem Start

Hoch zu Ross unterwegs im Po-Delta

Club Spiaggia Romea

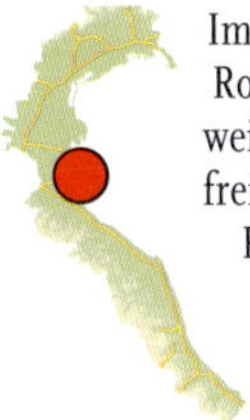

Im Reiterparadies Spiaggia Romea leben die berühmten weißen Pferde der Camargue in freier Wildbahn, eine robuste Rasse, hervorragend für die Feuchtgebiete des Po-Deltas geeignet. Außerdem bewahren sie beim Einfangen der hier gezüchteten, frei grasenden Kampfstiere die Nerven. Für kleine Pferdeliebhaber unvergesslich ist ein Ausritt ins Po-Delta zu Pferden und Stieren. Auch Minisafaris im Landrover oder Kleinbus werden veranstaltet, außerdem Radtouren durch Wald und Wiesen, wo Fasane, Reiher und Wildenten flattern, sowie Wanderungen durch das abenteuerliche Gebiet. Wem das alles gut gefällt, bucht den nächsten Urlaub in der zum Club gehörenden Ferienanlage (siehe S. 109).

Club Spiaggia Romea: *Via dell'Oasi 2, Lido delle Nazioni, Tel. 0533-35 53 66, www.spiaggiaromea.it. Ein paar Preisbeispiele: 1 Std. Spazierritt € 15, Rundtour mit dem Wagen € 8, Kinder bis 1 m oder bis 10 J. € 4, Reitstunden: Erw. 5 Std. € 90, Kinder € 85.*

Volkstümliche Fischküche in der Osteria

In Cesenatico hat Stefano Bartolino die ***Osteria del Gran Fritto*** *eröffnet. In typischem Ambiente wird das Hauptgericht serviert. Wie der Name des Lokals schon vermuten lässt: Gran Fritto, eine Mischung verschiedener Adriafische. Kinder wählen vielleicht lieber Spaghetti mit Meeresfrüchten oder das Risotto nach Großmutter-Art. Eine leckere Nachspeise: Mousse al caffè, Zitronencreme-Tortino oder Käseeis mit Obstsoße (Corso Garibaldi 41, Tel. 0547-824 74, Mo geschl.).*

Museo della Nave Romana

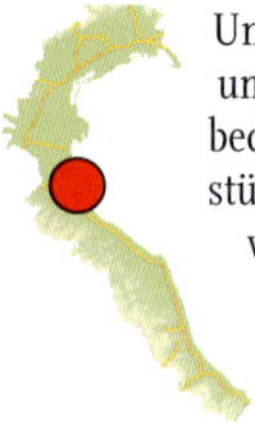

Unvorstellbar: In dem eher unscheinbaren Holzschiff – bedeutendstes Ausstellungsstück des Museums – fuhren vor mehr als 2.000 Jahren Seeleute die Adria entlang. Einen Mast und ein rechteckiges Rahsegel hatte das Römerschiff. Es war 21 Meter lang und fünf Meter breit. Doch in der Lagune Valle, unweit der Po-Mündung, erfasste eine Sturmflut das Boot und es sank. Sand und Schlamm bedeckten Trawler samt Ladung, ein Glück für die Archäologen, denn die Schlickschicht konservierte alles. 1981 wurde das Holzboot entdeckt, seine Ladung ist im Museum zu sehen: Seile aus Pflanzenfasern, Nägel, Lederjacken, Schuhe, Waffen und Angelhaken, gegen die Langeweile an Bord Spielsteine und Würfel, für das Gebet zierliche Votivtempelchen, „Venere et Eros" (Venus und Eros) gewidmet. Damit das Schiff selbst auch für die nächsten Generationen erhalten bleibt, muss es noch eine Zeit lang konserviert werden. Aber auch so werden kleine Archäologen viel über Römer und Römerzeit erfahren.

Museo della Nave Romana: *Via della Pescheria 2, Comacchio, Tel. 0533-31 13 16, fortunamaris@comune.comacchio.fe.it, Sept-Mai Di-Sa 9.30-13, 15-18.30, So, Fei 10-13, 15-19, Juni-Aug Di-So 10-13, 15-19 Uhr, Erw. € 4,10, Kinder (unter 18 J.) u. Senioren (über 65 J.) € 2,60, Kinder unter 1 m u. bis 8 J. frei.*

Die Basilika von Pomposa

Rund 18 Kilometer nördlich von Comacchio steht das Kloster Pomposa mit seinem majestätischen Campanile. Die Fresken der Kirche erzählen eindrucksvoll die Geschichten der Bibel. Unterhaltsame Szene rechts: Löwen reiten auf Pferden, die lange Hälse wie Kamele haben. Beachtenswert auch das Mosaik vor dem Chor mit Elefant, Hirsch und Hund. ***Abbazia di Pomposa:*** *tägl. 8.30-17.30, So, Fei 13-18.45 Uhr. Erw. € 4, 18-25 J. € 2, Kinder (unter 18 J.) u. Senioren (über 65 J.) frei.*

Pizza, Pasta und Gelati

Gleich neben der berühmten Abbazia di Pomposa (siehe Kasten rechts oben) finden Sie die rustikal eingerichtete ***Osteria dell' Abbazia****, ein wahrhaft lohnender Tipp nach der Besichtigung des Klosters. Die Pizza kommt natürlich aus dem Holzofen, die Pasta ist hausgemacht und die Auswahl an Fleischgerichten enorm. Und die Süßmäuler der Familie dürfen sich auf acht Sorten Eis freuen (Via Pomposa Centro 16, Tel. 0533-71 90 97, Mo geschl.).*

Casa delle Farfalle

Mitten im Pinienwald liegt das Schmetterlingshaus. Im 500 Quadratmeter großen Tropenhaus herrschen 30 Grad und 70 Prozent Luftfeuchtigkeit. Im Nu wird man von flatternden Insekten umschwärmt, sie zeigen den Weg durch die tropische Pflanzenwelt. Der schwarz-blaue Morpho peleides saugt an reifen Früchten, seine Unterseite hat Flecken, die wie Augen aussehen – ein Schutz vor Feinden. An einer Wand ruhen sich braune und rote Atlasspinner aus, die größten Falter überhaupt. Im Schmetterlingskasten hängen die Puppen an Stöcken. Wie ein verwelktes, aufgerolltes Blatt sehen sie aus. Diese Tarnung bietet Schutz vor Feinden. Der schwarz-rot-weiße Kleine Kurier ist beliebtes Ziel der Hobby-Fotografen, denn er bewegt sich sehr langsam, hat keine Angst vor Fressfeinden – er ist einfach ungenießbar. Vieles ist hier zu erfahren, zum Beispiel dass Falter nur ein paar Tage oder Wochen leben. Achtung: nicht berühren, nicht fangen, die Tiere sind sehr verwundbar. Zur Erklärung: Schmetterlinge machen eine Metamorphose durch vom Ei (pro Insekt mehrere Hundert) über die Larve, Puppe bis zum Schmetterling. Angegliedert ist ein Insektenhaus mit Marienkäfern, Bienen, Ameisen, Hummeln, Skarabäen und andern Insekten. Außerdem gibt es einen netten botanischen Rundweg.

Schachbrettfalter (Melanargia galathea) auf lockender Hibiskusblüte

Abenteuer im Wald

Wer Tarzan spielen möchte, findet im Naturpark von Cervia Gelegenheit. Zwischen den Bäumen sind Hängebrücken, Netze und Drahtseile gespannt. Die Einweisung erfolgt durch einen Experten, Schutzhelm ist Pflicht. ***Atlantide Avventura:*** *Via Jelenia Gora 6d, Milano Marittima, Tel. 347-149 65 19, www.atlantideavventura.it, Mitte Juni-Mitte Sept tägl. 9.30-Sonnenuntergang, sonst Sa, So, Kinder von 1-1,40 m (kleinere keinen Zugang) € 10, ab 1,41 m € 18.*

Casa delle Farfalle: *Via Jelena Gora 6, Milano Marittima (gut ausgeschildert), Tel. 0544-99 56 71, www.atlantide.net/casadellefarfalle. März, Okt, Nov 9.30-12.30, 14.30-17, April, Mai, Sept bis 18, Juni-Aug bis 19 Uhr, Erw. € 7, Kinder (ab 1 m bis 12 J.) und Senioren (über 65 J.) € 6, zusammen mit Insektenhaus € 10/8,50.*

Italia in Miniatura

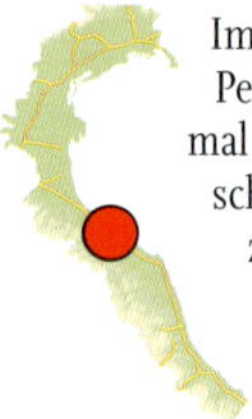

Im Miniatur-Italien geht der Petersdom den Kindern gerade mal bis zum Bauchnabel, der schiefe Turm von Pisa nur bis zur Nasenspitze. Überblick verschafft der Zug über der Anlage: Italien von der Stiefelspitze bis zu den Alpen in Kleinformat. Auch Denkmäler anderer Länder sind zu sehen. Deutschland ist – natürlich – mit dem Schloss Neuschwanstein vertreten, außerdem auch mit der Lorelei und der Burg Gutenfels.

Andere Vergnügungen, die teils lehrreich, teils spaßig sind: Im Luna Park della Scienza (der Wissenschaft) setzen die kleinen Besucher Maschinen in Gang, um Physik, Mechanik, Hydraulik und Elektrizität zu verstehen. Im prähistorischen Tal werden die fürchterlich brüllenden Dinos bestaunt. Viel Spaß macht es, sich in Miniatur-Venedig einzuschiffen und den Canal Grande entlangzufahren.

Italia in Miniatura: *Via Popilia 239, Viserba di Rimini, Tel. 0541-73 67 36, www.italiainminiatura.com, Geöffnet: siehe S. 84, außerdem Nov-Mitte März an einigen Tagen, Eintritt: gut planen, das Ticket ist für 2 Tage gültig! Hauptsaison/Nov-Mitte März Erw. € 18/9, Kinder (bis 1 m oder bis 11 J.) und Senioren (über 65 J.) € 13/6. Mehrere Restaurants, Pizzerien und Kioske mit kleinen Gerichten, Bars mit Eis und ein großer Picknickplatz.*

In ein paar Stunden quer durch Italien – im Miniformat

Die Delfine in Rimini vollführen tolle Kunststückchen

Delfinario Rimini

Keiner weiß wirklich, ob die scheinbar immer lachenden Delfine bei ihren Kunststücken mit Spaß bei der Arbeit sind oder ob sie mit Tricks und Futter zu unnatürlichen Anstrengungen gezwungen werden, ob sie in ihren kleinen Aquarien leiden und vielleicht Sehnsucht nach dem großen weiten Meer haben. Sieht man ihre eleganten Sprünge, dieses liebenswürdige Gesicht, dann möchte man meinen, es sei alles in Ordnung. Intelligent sind die eleganten Tiere auf jeden Fall. Auch eine enorme Kraft haben sie, wenn sie hoch aus dem Wasser schnellen, kurze Zeit in der Luft stehen bleiben, um dann parallel zueinander wieder ins Wasser einzutauchen. Und, haben Sie's gewusst? Delfine sind keine Fische, sondern lebend gebärende Säugetiere. Seit einiger Zeit werden sie auch als Therapie für autistische Kinder eingesetzt. Wissenschaftler sprechen von bemerkenswerten Erfolgen, auch das Delfinario in Rimini hat sich dem Therapieprogramm angeschlossen.

Delfinario Rimini: *Lungomare Tintori 2, Rimini, Tel. 0541-502 98, www.delfinariorimini.it, April, Mai und 2. Hälfte Sept zwei Vorstellungen, 1. Hälfte Juni drei Vorstellungen, 2. Hälfte Juni-1. Hälfte Sept vier Vorstellungen, 1. Vorstellung jeweils 16.45 Uhr, Erw. € 12, Kinder unter 1 m frei, Kinder (über 1 m u. bis 10 J.) € 9.*

Reste eines Kreuzgangs in Santarcangelos abenteuerlichen Grotten

Le Grotte in Santarcangelo

Das romantische Städtchen Santarcangelo (siehe S. 73) im Hinterland von Rimini ist vollständig unterhöhlt. 150 Höhlen auf drei Stockwerken liegen im Berg Mont Jovis (Jupiterhügel), alle sind durch Gänge und Treppen zu einem einheitlichen System verbunden. Die wichtigsten Strecken sind beleuchtet. Neugierige sollten aber eine Taschenlampe dabeihaben, um geheimnisvolle Ecken ausleuchten zu können. Wer nicht bei der Gruppe bleibt, die schon um die Ecke gebogen ist, bekommt Gänsehaut, die Stimmen dringen verzerrt ans Ohr, als kämen sie aus einem Grab. Da schließt man doch lieber schnell auf, um ohne Gespensterbegegnung den Ausgang zu erreichen. Es ist weder bekannt, wer das unterirdische Labyrinth erbaut hat, noch wann oder wozu. Klar ist nur, dass das Höhlensystem in neuerer Zeit als Keller diente, im Zweiten Weltkrieg als Lager und Zuflucht für die Einheimischen. Kreuzgewölbe sowie der einem Chor ähnelnde Hauptraum mit Kapellen legen die Vermutung nahe, dass hier Christen ihre Gottesdienste abhielten. Eventuell haben schon die Etrusker die Unterwelt als Nekropole benutzt. Oder: Es seien heilige Grotten des Mithras-Kults gewesen, meinen manche Fachleute, Ort der Anbetung des altpersischen Lichtgottes. Beweisen lässt sich keine der Theorien. Gut so, dann können die Besucher ihrer Fantasie freien Lauf lassen.

Le Grotte di Santarcangelo: *über I.A.T., Via Battisti 5, Tel. 0541-62 42 70, www.comunesantarcangelo.it, Führungen ganzjährig, Start beim Informationsamt, tägl. 9.30-12.30, 16-19.30 Uhr, Erw. € 3, Kinder (6-12 J.) u. Senioren (über 65 J.) € 1,50.*

Mirabilandia

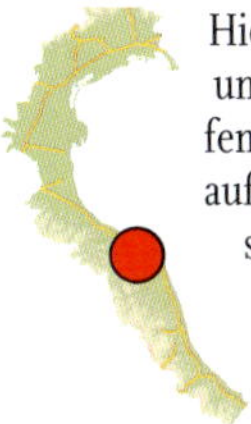

Hier geht alles schneller, höher und lauter. In Bimbopoli hüpfen Knirpse bis 1,20 Meter in aufgeblasenen Konstruktionen, schwimmen in einem Meer aus 20.000 weichen Bällen (Ottoland), flitzen mit dem Santa Fé Express oder schweben mit den fliegenden Elefanten davon. Am Niagara schießt ein Fahrzeug aus einer Höhe von 25 Metern spritzend ins Wasser. Am Rio Bravo geht es mit dem Gummiboot durch enge Canyons, vorbei an gierigen Dinosauriern. Im Hurricane hängen mutige Fahrgäste in 25 Metern Höhe mehr mit dem Kopf nach unten, als ihnen vielleicht lieb ist.

Auf dem Rio Bravo muss man mit stürmischen Wellen kämpfen

Fischplatte bei Vasco und Giulia

*In Comacchio ist die typische Osteria **Da Vasco e Giulia** der Hit für ein Mittag- oder Abendessen. Hier gibt es alles, was die Lagunen und die Küste bieten: Aal natürlich, Venusmuscheln, marinierte Sardellen etc. Was auch den Kindern schmeckt, ist Fritto misto, das sind Spießchen mit Steinbutt und Seezunge, Krebsen und Tintenfischen, alles vom Grill. Für die Erwachsenen gibt es dazu den leicht sauren Fortana-Wein (Via Muratori 21, Tel. 0533-812 52, Mo geschl.).*

Gemächlicher ist die Fahrt im 90 Meter hohen Riesenrad mit Blick über die mittlere Adria. Lehrreich gestaltet sich der Besuch der Maya-Stadt Sian Ka'an, wo Tempel dieser alten Kultur nachgebildet wurden. In der Scuola di Polizia verfolgen rasende Polizisten die Gauner, springen mit ihren Autos über Schanzen, überschlagen sich oder rammen explodierende Pulverfässer. Zur Abkühlung geht es dann an den Mirabilandia-Beach mit Pools und Rutschen.

***Mirabilandia:** Statale Adriatica SS 16, km 162, bei Savio, Tel. 0544-56 11 11, Tel. 56 11 56, www.mirabilandia.it, Eintritt: gut planen, das Ticket ist für 2 Tage gültig! Erw. € 28, Kinder unter 1 m frei, Kinder (unter 1,50 m bis 12 J.) u. Senioren (über 60 J.) € 22. Mirabilandia-Beach extra € 8/5,50. 14 Bars und Restaurants, Picknickplatz.*

New Fiabilandia

Auf dem Lago del Sogno, dem Traumsee, schippern auf Schienen montierte Boote direkt in das gierige Maul eines beeindruckenden Ungeheuers. Auf dem japanischen Wasserpark gibt es spuckende Lotosblüten und die Raupenbahn kurvt durch die Valle degli Gnomi (Tal der Gnome), bis sie in einem saftigen Apfel verschwindet. Gemütlich ist die Fahrt mit dem Mississippi-Dampfer über den See. Weiter geht es mit ratternden Loren durch die Miniera d'Oro (Goldmine). Unterwegs lauern Indianer, Mammute und Bären. Wildweststimmung herrscht im Villaggio Apache und in der Laramie City. Science-Fiction erlebt man im futuristischen Kugelbau La Ricciovisione mit Flug ins All, bei dem man von feindlichen Weltraumfahrzeugen gerammt wird – da rüttelt es ordentlich. Das Exotarium verdient unbedingt noch Erwähnung, außerdem die zauberhafte Magicando-Show, das spritzige, nasse Abenteuer mit Capitano Nemo und der alte Bauernhof mit vielen Tieren.

Im romantischen Mississippi-Dampfer über den See tuckern

Das Salz von Cervia

Bis vor wenigen Jahren wurde in Cervia noch Salz gewonnen. Als sich dies nicht mehr lohnte, versiegten die Becken. Inzwischen wurde die Saline Camillone wieder in Betrieb genommen. Die Salzlandschaft kann zu Fuß oder mit dem Boot erlebt werden. Informationen beim Centro Visite ***Salina di Cervia****, Via Bova 61 (Straße Nr. 254 Richtung Forlì), Tel. 0544-97 30 40, www.salinadicervia.it.*
Über die Geschichte der Salzgewinnung informiert das beeindruckende ***Museo del Sale*** *– ein lohnender Besuch. Dort kann man auch das „süße" Salz von Cervia kaufen. Die Ausstellung wurde in dem historischen Salzlager untergebracht (Via Nazario Sauro s/n, April, Mai, Mitte Sept-Okt Sa, So, Fei 15.30-19, Juni-Mitte Sept tägl. 20.30-23, Nov-März Sa, So, Fei 15-18.30 Uhr).*

New Fiabilandia: *Via Cardano 14, Rivazzurra di Rimini, Tel. 0541-37 20 64, www.fiabilandia.it, Erw. € 18, Kinder (bis 1,20 m u. ab 3 J.) € 13, Senioren (über 65 J.) € 16. Restaurant und Picknickplatz.*

Oltremare

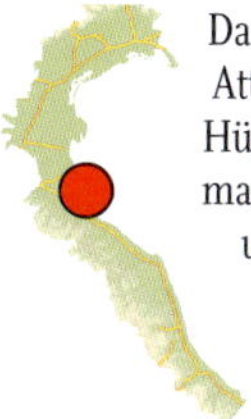

Das Highlight aller Adria-Attraktionen liegt in den Hügeln von Riccione: das Oltremare mit dem Mega-Kino Imex und dem spritzigen Wasserpark Aquafan. Die erste Überraschung: Oltremare hat das Po-Delta mit seinen Ufern, Fischerhütten, den Vögeln und Fischen in den Park geholt. Auf großem Areal zeigen Greifvögel ihre Flugkünste, in der Fattoria, dem Bauernhof, sind alle Haustiere vom Schwein bis zum Igel versammelt. Höhepunkt ist die Delfinlagune mit Ulisse und seinen Freunden. Sie springen, tanzen, applaudieren und singen. Mutige Kinder dürfen nach vorne kommen und Ulisse die Hand in die Flosse legen. Im Untergeschoss donnern und dampfen Vulkane, brüllen Dinosaurier, dösen Krokodile, schwimmen lautlos alle Wassertiere der Adria vor den Augen der staunenden Besucher: Haie, Mondfische, Thunfische, Wale, Rochen, Seeanemonen, Seesterne und Seepferdchen. Im 3-D-Kino Imax glaubt man unter Wasser zu sitzen. Fische aller Arten „berühren" fast die Haarspitzen und Haie versuchen, am Publkikum zu „knabbern". Bei der Dino-Vorführung öffnen brüllende und zischende Urwelttiere ihre schrecklichen Rachen direkt vor den Zuschauern. Auf der neuen Insel Adventure Island können sich Kinder zu Wasser und zu Land austoben, über Hängebrücken und verwirrende Treppen hangeln und Wasserschlachten veranstalten. Vergnügen pur bietet der Wasserpark

Ulisse und Freunde springen im Oltremare besonders hoch

Aquafan mit extra Zonen für Familien mit kleinen Kindern oder älteren Sprösslingen. Der Park ist spezialisiert auf Wasserrutschen wie der Kamikaze-Rutsche mit rasanten 65 km/h Abfahrt, der 130 Meter langen Rutschspirale oder drei 200-Meter-Rutschen. Mutige sausen über 110 Meter lange Pisten und im Kanu oder Schlauchboot über Bäche mit hohem Gefälle. Den Minis sind die Piscina dell'Elefante und der schneeweiße Antarctic Baby Beach vorbehalten.

Oltremare: *Via Ascoli Piceno 6, Riccione, außerhalb des Ortes ausgeschildert, zunächst Richtung A 14, Tel. 0541-42 71, www.oltremare.org, Eintritt: gut planen, das Ticket ist für 2 Tage gültig! Oltremare mit Imax: Erw. € 23, Kinder (6-11 J.) € 18, zusammen mit Aquafan: Erw. 36, Kinder € 32, Aquafan solo Erw. € 23, Kinder € 18, Dogsitter auf Vorbestellung. Viele Restaurants, Pizzerien, Eisdielen und einige Picknickplätze.*

Acquario di Cattolica

Das Aquarium, auch als Le Navi bekannt, ist nicht nur ein Guck-Aquarium, sondern eine wissenschaftliche Forschungsstätte zur Geschichte des Meeres und seiner Fauna. Zwölf prächtige Haifische schwimmen in einem 700.000 Liter Wasser fassenden Becken. Flinke Barrakudas, gefräßige Piranhas und elegante Rochen tummeln sich in den Becken. Im Sommer gibt es oft Gelegenheit, die Neugeborenen aus der Nähe zu bestaunen – ein besonders bei Kindern beliebtes Vergnügen. Neu dazugekommen sind junge Hammerhaie. Der Informationsteil beschäftigt sich mit der Entstehung der Erde (Geopolis). Dabei geht es bis in 3.200 Meter Tiefe und 15 bis 20 Milliarden Jahre zurück. Acquapolis gibt einen Überblick über die Meeresbewohner aller Meere und Korallenriffe. In weiteren Abteilungen kann man den Stimmen des Meeres lauschen und sich über die Seefahrt informieren. Besonders spannend sind die Fütterungen: Piranhas (Di und Do 11.30 Uhr), Stachelrochen (Di und Do 12.30 Uhr) und die grinsenden Haifische (Mo, Mi und Fr 14.30 Uhr).

Le Navi: *Piazzale delle Nazioni 1a, Cattolica, Tel. 0541-83 71, www.acquariodicattolica.it, ganzjährig geöffnet, Erw. € 16, Kinder (über 1 m, bis 11 J.) und Senioren (über 65 J.) € 13, Kinder unter 1 m frei, Audio-Guide auch in Deutsch € 3.*

Achtung, Oma und Opa!

Senioren haben in Italien manche Vorteile, jedenfalls was die Preise anbelangt. Ab 65, in einigen Fällen schon ab 60 Jahren gibt es Vergünstigungen oder gar freien Eintritt in Museen und Ausstellungen, ebenfalls in viele Freizeitparks und gelegentlich bei Ausflügen. Also vorher an der Kasse erkundigen und den Ausweis nicht vergessen!

Bunte Segel im Museo della Marineria

Im alten Kanalhafen von Cesenatico, einem einzigartigen Freilichtmuseum, liegen Schiffe, die vor langer Zeit das Mittelmeer befuhren. In der Saison werden sie mit gelben und orangeroten Segeln bestückt. Beispielsweise die „Trabaccolo“, ein Segelschiff für Fracht und Fischfang. Sie brachte Holz, Steine und Sand in die Häfen – und Wassermelonen. Die wichtigste Bootsgattung der Adria war die „Bragozzo d'Altura“, für mehrere Tage dauernden Fischfang auf hoher See ausgerüstet. Auf Messingschildern erfahren die Besucher dies und vieles mehr über die Schiffe und ihre ursprüngliche Bestimmung.

GUT ZU WISSEN

Fakten von A bis Z

Ankunft/Anreise

Die Urlauber, die an der oberen und mittleren Adria zwischen Grado und Cattolica ihr Feriendomizil haben, erreichen es mit dem eigenen Auto über die kostenpflichtigen österreichischen und italienischen Autobahnen. Für Österreich muss man eine Vignette erwerben (10 Tage, 2 Monate oder 1 Jahr gültig), für die Europa-Brücke zahlt man extra (Jahres-Abo möglich). Auf den italienischen Autobahnen richtet sich die Höhe der Autobahngebühr nach der Länge der gefahrenen Strecke. Mitglieder ausländischer Automobilclubs erhalten kostenlose Hilfe beim italienischen Automobilclub ACI (Tel. 80 31 16). Der einzige deutschsprachige Notruf des ADAC sitzt in Mailand (Tel. 02-66 10 11 06). Empfehlenswert ist die Anreise mit dem Autozug. Für die Adria wird als Ziel Verona und Triest (ab Sommer 2009) empfohlen, und zwar von Berlin, Düsseldorf, Hamburg, Hildesheim, Lörrach, Neu Isenburg und München aus (Tel. 0180-524 12 24, www.dbautozug.de). Auskünfte und Buchung gibt es auch in allen DB Reisezentren und Reisebüros mit DB-Lizenz. Flieger landen im Sommerhalbjahr in Venedig oder in Rimini. Von dort aus können Sie den Bus nehmen oder ein Auto mieten (siehe S. 101).

Was wäre der Italienurlaub ohne Besuche in der Eisdiele?

Auskunft

In Deutschland

Prospekte und Kartenmaterial gibt es beim Staatlichen Italienischen Fremdenverkehrsamt ENIT unter www.enit.de/Prospekte (Formular ausfüllen). Auch für weitere Informationen ist das Fremdenverkehrsamt mit Sitz in Berlin, Frankfurt am Main und München zuständig:

Staatliches Italienisches Fremdenverkehrsamt

▶ *Friedrichstr. 187, 10117 Berlin, Tel. 030-247 83 97-8, enit-berlin@t-online.de.*

▶ *Neue Mainzer Str. 96, 60311 Frankfurt/Main, Tel. 069-23 74 34, enit.ffm@t-online.de.*

▶ *Prinzregentenstr. 22, 80538 München, Tel. 089-53 13 17, enit-muenchen@t-online.de.*

In Österreich

Kärntnerring 4, 1010 Wien, Tel. 01-505 16 39, delegation.wien@enit.at.

In der Schweiz

Uraniastr. 32, 8001 Zürich, Tel. 043-466 40 40, info@enit.ch.

Gezielte Auskünfte aus dem Internet:

▶ Friaul Venetien (für Grado und Lignano) www.regione.fvg.it

▶ Venetien (für Venedig und die Provinz) www.regione.veneto.it und turismo.regione.veneto.it

▶ Emilia-Romagna (für Ravenna bis Cattolica) www.emilia-romagna.it/turismo und www.apt.emiliaromagnaturismo.it

▶ Küste www.adriacoast.com

In Italien geben in größeren Städten die APT-Büros Auskunft, in kleineren Orten die Pro-Loco-Info-Stellen.

Autovermietung

Rent a Car gibt es in allen größeren Städten. Mittelklassewagen kosten pro Tag rund € 100, inklusive Versicherungen bei unbegrenzter Kilometerzahl. Wer Kindersitze braucht, sollte sich vorher danach erkundigen, denn dieser Service ist nicht überall vorhanden.

Babysitter

In größeren Hotelanlagen wird ein Babysitterdienst angeboten. In der Hauptsaison ist es ratsam, sich frühzeitig dafür anzumelden.

Bus, Bahn und Taxi

Die Ferienorte entlang der Adria haben gute Busverbindungen, im Sommer in hoher Frequenz. Fahrscheine müssen in einem Tabacchi-Laden oder Kiosk oder in einem anderen an der Haltestelle angegebenen Geschäft gekauft werden. Gut per Bahn verbunden sind die Orte der Emilia-Romagna zwischen Ravenna und Cattolica mit Weiterführung nach Pesaro und nach Süden. Zwischen Bellaria und Riccione führt die Eisenbahnlinie direkt durch die Ortszentren. Sie verursacht natürlich Lärm, nachteilig, wenn die Unterkunft in der Nähe liegt. Taxis sind in Italien etwas preisgünstiger als in Deutschland, die Tarife offiziell vorgeschrieben. Hotels und Tourismusbüros vermitteln Adressen.

Camping

Die Adriaküste ist reich an Campingplätzen aller Kategorien, auch im nahen Landesinneren. Für Familienferien eignen sich besonders Plätze, die Einrichtungen wie Spielplätze, Pools mit Kinderbecken und vor allem Kinderanimation bieten, ideal mit direktem Strandzugang. Der Vermerk „Eurocamp-Spielleiter“ verspricht viele Aktivitäten für Kinder (siehe Kasten). Eine große Hilfe bei der richtigen Auswahl bietet der jährlich aktuell erscheinende ADAC-Campingführer Südeuropa.

Diplomatische Vertretungen

Konsulat der Bundesrepublik Deutschland, *Via Risorgimento 7, 40100 Bologna, Tel. 051-339 90 14; Palazzo Condulmer, Santa Croce 251, 30135 Venedig, Tel. 041-523 76 75; Via Beccaria 8, 34133 Triest, Tel. 040-36 90 71; Viale Trieste 3, 47037, Rimini, Tel. 054-12 77 84*

Konsulat der Republik Österreich, *Via Ugo Bassi 13, 40124 Bologna, Tel. 051-26 87 11; Palazzo Condulmer, Santa Croce 252, 30100 Venedig, Tel. 041-524 05 56*

Eurocamp-Service

Bei manchen Campingplätzen wird auf den Eurocamp-Service verwiesen, ein Zeichen für besondere Kinderfreundlichkeit. Ausgebildetes Personal kümmert sich um die Wünsche der kleinen Gäste. Steht der Vermerk „Eurocamp-Spielleiter“ dabei, bedeutet dies, dass sich Experten Neues für die Kinder ausdenken. Kataloge: Eurocamp Travel, Barmbeker Str. 10, 22303 Hamburg, Tel. 040-45 09 70, www.eurocamp.de, info@eurocamp.de.

Konsulat der Schweiz, *Via Saragozza 12, 40123 Bologna, Tel. 051-57 64 16; Dorsoduro, Campo Sant'Agnese 810, 30100 Venedig, Tel. 0415-22 59 96; Via C.Battisti s/n, 34125 Triest, Tel. 040-760 04 00.*

Einreise

Reisende aus Deutschland, Österreich und der Schweiz benötigen einen gültigen Personalausweis, wenn sie nicht länger als drei Monate in Italien bleiben. Die Kontrolle an den Grenzen ist seit dem Schengener Abkommen praktisch eingestellt. Für den PKW ist der nationale Führerschein ausreichend, die Grüne Versicherungskarte ist nicht vorgeschrieben, aber empfehlenswert.

Fahrradverleih

Fast in jedem größeren Urlaubsort gibt es einen Verleih, auch Hotels und Campingplätze vermieten Fahrräder und Mountainbikes. Kindersitze und Kinderfahrräder sind zumeist vorhanden, doch ist es ratsam, sie zu reservieren.

Fundbüro

Zuständig ist die Gemeindepolizei (Polizia Municipale) im Rathaus, dem Municipio. Aber auch die Carabinieri helfen.

Geld

Kreditkarten werden in Hotels, Restaurants und Geschäften sowie an den meisten Tankstellen angenommen. An den vielerorts aufgestellten Bancomaten kann mit Kreditkarte plus persönlichem Code Geld abgehoben werden. Öffnungszeiten der Banken: Mo-Fr 8.30-13.30, 14.45-15.45 Uhr, in Urlaubszentren öffnen manche auch samstags.

Fahrradverleihe gibt es in allen Urlaubsorten, wie hier in Chioggia

Klima und Reisewetter

Von Juni bis September, oft auch bis in den Oktober hinein, kann man an der Adria mit einer Wassertemperatur zwischen 18 und 24 Grad rechnen, im Juli und August bis 27 Grad. Dann wird es am Meer recht heiß (bis 30/32 Grad Lufttemperatur), in den Lagunen sehr schwül, doch die ständige Brise macht die hohen Temperaturen erträglich. Für Wanderungen im Hinterland empfehlen sich Frühjahr und Herbst.

Literatur

Kosmos Natur-Entdecker: Insekten, Stuttgart 2005. (Bei Wanderungen spielerisch alles über die unterwegs entdeckten Insekten erfahren).
Nana Claudia Nenzel: Richtig Reisen Oberitalien, Ostfildern 2009.
Ingrid und Peter Schönfelder: Die neue Kosmos Mittelmeerflora, Stuttgart 2008. Detlef Singer: Die Vögel Mitteleuropas und ihre Stimmen, Stuttgart 2008. Eva Sixt: Bsss, Die ganze Welt der Insekten. München 2008.

Medien

Deutsche Tageszeitungen und Illustrierte sind in der Saison in allen größeren Ferienorten zu finden, die Auslandsausgaben der Tageszeitungen gibt es am frühen Morgen. Große Hotels verfügen über Satellitenempfang. Welche deutschen Sender zu empfangen sind, ist recht unterschiedlich. Wer Wert auf abendliches TV-Programm legt, sollte sich vorher erkundigen.

Medizinische Versorgung

Die ärztliche Versorgung entspricht im Großen und Ganzen mitteleuropäischem Standard. Während der Saison bieten die Ferienorte sogar einen touristischen Gesundheitsdienst an, den man im Notfall kostenlos nutzen kann. An der Hotelrezeption und bei den Touristenämtern sind die Adressen deutschsprachiger Ärzte, die im Sommer verstärkt eingesetzt werden, zu erfragen. In den Gesundheitszentren USL (Unità Sanitaria Locale) werden Bürger aus EU-Staaten kostenlos behandelt, auch an Fachärzte überwiesen. Sie müssen sich nur als krankenversichert ausweisen. Bei Privatärzten muss das Honorar vorgestreckt werden, das gilt auch bei Reisenden, die eine Auslandskrankenversicherung abgeschlossen haben, was auf jeden Fall zu empfehlen ist. Sie enthält auch die Deckung der Kosten für einen eventuell notwendigen Rücktransport. Die Medikamentenauswahl entspricht internationalem Standard.

Sogar Tauben füttern ist in Italien erlaubt!

Notrufe

Medizinische Notfälle 118,
Rettungsdienst (bei Katastrophen) 113
Polizei 112
Seenotruf 1530
Straßen-Notdienst/ACI 80 31 16.

Öffnungszeiten

Banken siehe S. 103
Postamt: Mo-Fr 8.15-14, Sa 8.15-12 Uhr
Geschäfte und Apotheken: Mo-Fr 8.30/9-12/12.30 und 15.30/16-19/20 Uhr. In touristischen Gebieten gelten die Öffnungszeiten auch für Samstag, in manchen Orten ist werktags bis 22 Uhr geöffnet. Die Öffnungszeiten von Museen und anderen Sehenswürdigkeiten können sich jedes Jahr ändern. Man sollte sich vorher im Touristenamt erkundigen.

Sprache

In touristischen Zentren wird Deutsch gesprochen. Doch ein paar Kilometer weiter, im Restaurant auf dem Land oder bei einem Ausflug in die Berge ist ein kleiner Sprachführer angebracht.
Guten Abend/Gute Nacht – Buona sera/notte
Auf Wiedersehen – Arrivederci
Bis bald – A presto
heute/morgen/übermorgen – oggi/domani/dopo domani
Wie geht es Ihnen/dir? – Come sta/stai?
Danke, gut – Grazie, bene

Klimatabelle (Rimini)	Jan	Feb	März	Apr	Mai	Juni	Juli	Aug	Sept	Okt	Nov	Dez
Wassertemperaturen in °C	10	9	9	12	16	20	23	24	22	18	15	12
Lufttemperaturen	7	9	13	17	21	25	28	27	24	19	13	9
Sonnenschein (in Std.) täglich	3	4	5	6	8	9	10	9	6	4	3	3
Niederschlag (Tage/Monat)	7	6	8	8	7	6	4	6	6	8	8	8

Ich heiße ... – Mi chiamo ...
Wie heißen Sie? – Come si chiama?
Sehr erfreut – Piacere
Ich bin Deutsche/r – Sono tedesca/o
Sprechen Sie Deutsch? – Parla tedesco?
Ich verstehe – Capisco
Ich verstehe nichts – Non capisco niente
Entschuldigung – Scusi
Bitte/danke – per favore/grazie
Wo/wohin/woher – dove/dove/da dove
Wo ist – dove
Was/wann – che cosa/quando
Wie lange – quanto tempo
Warum/wer – perché/chi
Rechts/links – a destra/a sinistra
Geradeaus/zurück – sempre diritto/indietro
Ich möchte bezahlen – Vorrei pagare
Wie viel kostet es? – Quanto costa?
Haben Sie ... – ha/avete
Hotel/Restaurant – albergo/ristorante
Haben Sie ein Zimmer? – Avete una camera?
Wie viel kostet das Zimmer? – Quanto costa la camera?
Ich möchte gern ein – Vorrei una Einzelzimmer/Doppelzimmer – camera singola/doppia
Mit Dusche/Bad/Balkon – con doccia/bagno/balcone
Mit Doppelbett/Meerblick – con matrimoniale/vista sul mare
Den Schlüssel bitte – La chiave, per favore
Ich reise morgen ab – Parto domani
Die Rechnung bitte – Il conto, per favore
Frühstück – prima colazione
Mittagessen/Abendessen – pranzo/cena
Ich möchte etwas essen – Vorrei mangiare qualcosa
Nur ein wenig – Solo un poco
Danke, das ist genug – Grazie, basta così

Strom

Die Stromspannung beträgt normalerweise 220 Volt. Deutsche Schukostecker passen selten in italienische Steckdosen. Zwischenstecker gibt es in Elektro- oder Haushaltswarengeschäften, auch die Hotelrezeption hilft gerne aus.

Telefon

In den Urlaubsorten gibt es an fast allen größeren Plätzen, aber auch auf den speziellen Ämtern der Telecom Telefonzellen, von denen aus man mit Hilfe von Telefonkarten problemlos mit dem Ausland telefonieren kann. Telefonkarten bekommen Sie an Automaten, an Zeitungskiosken und in Tabakläden. Das Telefonieren von den Hotels ist wie üblich erheblich teurer.

Die Ortsvorwahl inklusive der Null ist fester Bestandteil jeder Teilnehmernummer, gleichgültig ob man vom Ausland anruft, von einem italienischen Ort oder innerhalb des Ortes. Die Vorwahl von Italien nach Deutschland ist 0049, nach Österreich 0043 und in die Schweiz 0041. Danach lässt man die Null vor der Ortskennzahl weg und wählt die Anschlussnummer.

Tiere

Hunde und Katzen, die innerhalb der EU mit in den Urlaub sollen, müssen als Kennzeichnung eine gut erkennbare Tätowierung oder Mikrochip haben. Die Impfbescheinigung gegen Tollwut muss sich auf das durch Chip oder Tätowierung ausgewiesene Tier beziehen und von einem bemächtigten Tierarzt ausgestellt sein, und zwar mindestens einen Monat oder höchstens ein Jahr vor Reiseantritt.

Trinkgeld

In den meisten Restaurants ist der Service im ausgeschriebenen Preis enthalten, bei guter Bedienung wird jedoch ein zusätzliches Trinkgeld erwartet. Je nach Kategorie des Hauses und Zufriedenheit des Gastes gibt man fünf bis 15 Prozent. Im Hotel sollte das Zimmermädchen, auch hier je nach Kategorie des Hauses, ab € 5 je Woche und Person erhalten, ähnlich der Kellner. Der Gepäckträger sollte für ein nicht allzu großes Gepäckstück € 1 bekommen (in Luxusherbergen mehr). An der Bar freut sich jeder Barkeeper, wenn Trinkgeld liegen gelassen wird. Taxifahrer werden nach dem Taxameter entlohnt, man rundet bei besonderer Freundlichkeit auf die nächsten Euro auf; beim Friseur gibt man üblicherweise rund zehn Prozent Trinkgeld.

Unterkünfte

Aus dem reichen Angebot an der Adriaküste wurden im Folgenden einige besonders kinderfreundliche Unterkünfte ausgewählt. Die Auswahlkriterien waren in der Regel die Nähe zum nächsten Strand und das Vorhandensein eines Miniclubs (meistens für Kinder von drei oder vier bis zwölf Jahren) oder Animation für die Kleinen. Einige Unterkünfte werden bei deutschen Reiseveranstaltern angeboten. In allen Fällen beziehen sich die angegebenen Preise auf die Hauptsaison (Juli/Aug). Vorher und danach sind die Unterkünfte billiger, zum Teil kosten sie nur ein Drittel. Soweit es sich um Unterkünfte mit Verpflegung handelt, beziehen sich die Preise auf eine Person im Doppelzimmer, eine Woche Halbpension. Bei Apartments und Bungalows wird der Wochenpreis pro Wohneinheit ohne Verpflegung genannt. Falls das Domizil von deutschen Veranstaltern angeboten wird, ist dieser aufgeführt. Manchmal lohnt sich der Preisvergleich gegenüber individueller Buchung. Wenn Kinderanimation wichtig ist, sollten Sie die Termine (meistens Juni bis August) und Dauer pro Tag vorher klären.

Hotel Atlantic

33054 Lignano Sabbiadoro, Lungomare Trieste 160, Tel. 0039-0431-711 01, www.hotelatlantic.it.

Das Hotel ist familiär geführt und durch eine Straße vom breiten Sandstrand getrennt. Es gibt ein gutes Restaurant, einen Pool mit einem Kinderbecken, und es werden Schwimmkurse abgehalten. Der Privatstrand lockt mit Badekabinen, Sonnenschirmen und Liegen. Der Miniclub findet im Spielzimmer und am Strand statt. Preise: € 700, Kinder bis 5 J. 50 Prozent Ermäßigung, 6-10 J. 30 Prozent.

Villagio Terra Mare

33054 Lignano Sabbiadoro, an der Marina, Agenzia Unitas Marina, Corso degli Alisei 39, Tel. 0039-0431-42 38 42, www.unitas-marina.it.

Das Villagio besticht durch seine Lage am Bootshafen und die Nähe zum 300 Meter entfernten flachen Sandstrand. Die Apartments und Reihenchalets verfügen über eine Garage. Außerdem: Pool (Schirm und 2 Liegen im Preis), Tennis, Sauna, Massagen, Schwimmunterricht, Wassergymnastik, Beauty-Salon, Restaurant, Café, Supermarkt. Preise: Apartment mit 6 Betten, 1 Woche € 925. Buchung über: www.interchalet.com.

Holiday Aparthotel

30020 Bibione, Corso Europa 49, Tel. 0039-0431-43 70 10, www.aparthotelholiday.eu.

Nur durch die Promenade ist dieses Hotel vom breiten flachen Sandstrand entfernt. Die komfortabel eingerichteten Apartments sind architektonisch ansprechend. Der große Pool hat einen Kinderbereich in schöner Grünanlage am Strand. Außerdem: Privatstrand (Schirm und 2 Liegestühle im Preis), Spielzimmer, Miniclub, Sportanimation (3-13 J., Juni-Ende Sept), behindertengerecht. Preise: Apartment mit Kochnische pro Pers. € 660, Kinder bis 5 J. frei, 5-14 J. 40 Prozent Ermäßigung, ab 14 J. 20 Prozent, Halbpension € 10,50 pro Tag.

Imperial Aparthotel

30020 Bibione, Via del Sagittario 30, Tel. 0039-0431-43 86 20, www.aparthotelimperial.eu.

Zweideutige Katalogangebote richtig verstehen!

Die Katalogsprache ist manchmal zweideutig und kann zu Missverständnissen führen. Beispiele: „direkt am Meer“ heißt nicht direkt am Strand, der kann weit entfernt sein; „zentrale Lage“ oder „Stadtmitte“ kann bedeuten, dass es nachts recht laut ist; „nur durch Uferpromenade vom Strand getrennt“ kann heißen, dass die Promenade eine stark befahrene Straße ist. Positiv: Die Angabe „Privatstrand“ bedeutet, dass ein Stück des sonst für alle zugängigen Strandes vom Hotel gepflegt wird, die Gäste können dann hier Strandkabinen, Sonnenschirme und Liegen kostenlos benutzen.

Wunderschöner Pool im Holiday Aparthotel in Bibione

Etwa 50 Meter vom breiten flachen Sandstrand entfernt liegen die komfortabel eingerichteten Apartments. Es gibt drei Pools mit Kinderbecken, einen Whirlpool und ein Spielzimmer für Kinder. Des Weiteren: Privatstrand (Schirm und 2 Liegestühle im Preis), eingezäunter Strand mit Spielplatz, Miniclub, Sportanimation (3-13 J., Juni-Ende Sept), behindertengerecht. Preise: Apartment mit Kochnische pro Person € 640, Kinder bis 5 J. frei, 5-14 J. 40 Prozent Ermäßigung, dritte Pers. ab 14 J. 20 Prozent, Halbpension € 10,50 pro Tag.

Ferienpark Pra' delle Torri
30021 Caorle, Viale Altanea 201, Tel. 0039-0421-29 90 63, gebührenfreie Buchungsnummer Tel. 0800-181 39 14, www.pradelletorri.it.
Diese große Ferienanlage außerhalb von Caorle (6 km) liegt etwa 150 Meter vom Sandstrand entfernt. Die Apartments haben eine Terrasse. Es gibt einen fantasievollen Wasserpark mit Wasserrutsche, eine Tauch- und Surfschule, Tretboote, Tennisplätze, Tischtennisplatten, Fußballtore, Plätze für Handball, Beachvolley-, Basket- und Volleyball, Boccia, Bogenschießen und Badminton, eine Piste für Mountainbike, einen Fitnesspfad, Minigolf, einen 9-Loch-Golfplatz, einen Fahrradverleih, ein Restaurant, eine Eisdiele, einen Miniclub und eine Gokart-Rennbahn für Kinder. Ein Eurocamp-Spielleiter sorgt für Unterhaltung. Preise: Apartment für 4 Pers. mit Frühstück, 1 Woche € 1.640. Buchung auch: www.dertour.de, www.interchalet.com und www.eurocamp.de.

Villagio San Francesco
30021 Caorle, Località Duna Verde, Tel. 0039-0421-29 82, www.villagio sanfrancesco.com.
Dieser Camping-Ferienpark bietet hübsche Chalets und Apartments mit einem Autostellplatz in der Nähe. Je nach Lage

der Unterkunft sind es nur wenige Meter zum flachen Sandstrand. Hier werden Surfen, Segeln, Ruder- und Paddelboote angeboten. Es gibt fünf Pools, Minigolf, Basketball, Volleyball und Wasserball, drei Restaurants, eine Eisdiele, einen Supermarkt, einen Miniclub und eine Baby-Disko. Preise: Apartment für 4 Pers. 1 Woche € 1.120. Buchung auch über www.neckermann-reisen.de und www.dertour.de.

Union Lido, Art & Park Hotel

30013 Cavallino, Ca' di Valle s/n, Tel. 0039-041-96 80 43 12, www.parkhotelunionlido.com.

Dieses Hotel liegt in einer fantastischen Ferienanlage, die wie eine Ferienstadt mit Bungalows und einem Campingplatz, sieben Restaurants, Geschäften und Supermärkten aufgebaut ist. 150 Meter sind es zum Sandstrand, der breit und flach abfallend ist. Viele Sportarten zu Land und zu Wasser werden angeboten. Des Weiteren: Baby-Mini-Junior-Club, Baby-Disko, Hobbykurse aller Art, Pool- und Wasserlandschaft mit Spielmöglichkeiten für Kinder. Hotelgäste können alle Einrichtungen der Anlage benutzen. Der Eurocamp-Spielleiter unterhält die kleinen Gäste. Preise: Apartment mit 4 Betten und 2 Bettcouches, 1 Woche € 1.260. Buchung über www.dertour.de und www.eurocamp.de.

Feriendorf Park Gallanti

44020 Lido di Pomposa, Viale Alpi Orientali 118, Tel. 0039-0533-38 01 30, www.parkgallanti.com.

Diese Bungalowanlage liegt im Grünen, direkt am Meer. Die einfach eingerichteten Bungalows sind etwa 35 Quadratmeter groß und nicht weit vom sanft abfallenden Sandstrand entfernt. Im Angebot: Verleih von Segel-, Ruder- und Tretbooten sowie Surfbrettern. Die Poollandschaft hat ein Kinderbecken und es gibt Schwimmkurse, Tennis, Tischtennis, Volleyball und Kinderdisko. Außerdem: Verleih von Fahrrädern. Miniclub, Restaurant (Halbpension möglich), Pool-Bar, Supermarkt. Preise: Bungalow mit 4 Betten 1 Woche € 880, Kinder bis 5 J. frei.

Hotel Club Spiaggia Romea

44020 Lido delle Nazioni, Via dell'Oasi 2, Tel. 0039-0533-35 53 66, www.spiaggiaromea.it.

In dieser Ferienanlage mit Reitställen liegt der Schwerpunkt auf Urlaub mit Pferden. 80 Meter sind es zum privaten, leicht abfallenden Stand (Schirm und Liegen frei). Außerdem gibt es Tennis, Tischtennis, Volleyball, Fußball, Bogenschießen, Minigolf und Boccia, Pool mit Kinderbecken und Windsurfen. Für die Kleinen: Miniclub, Streichelzoo und Schwimmkurse. Preise: Zimmer mit Doppel- und Etagenbett € 890, Kinder bis 2 J. frei, 2-12 J. 50 Prozent Ermäßigung, ab 12 J. 20 Prozent.

Hotel Gallia

47042 Valverde di Cesenatico, Via Mengoni 19, Tel. 0039-0547-863 12, www.hgallia.it.

Dieses familiäre Haus verfügt über ein gutes Restaurant (gratis Saft-Bar, Kindermenü, kleines Buffet 16-18 Uhr), Pool und Kinderbecken und einen Fitnessraum. Der Privatstrand mit freiem Schirm und Liegen ist hundert Meter entfernt. Einen Miniclub gibt's im Hotel und am Strand, kostenlose Fahrräder sind auch für Kinder vorhanden. Preise: Nur Vollpension, alles inklusive, ab € 550, ein Kind bis 6 J. frei, 6-15 J. 50 Prozent Ermäßigung.

Villa Saba

47814 Bellaria, Via Asiago 15, Tel. 0039-0541-34 63 86, www.adria.net.
Das einfache und saubere Hotel liegt direkt am privaten Sandstrand mit Schirm und zwei Liegen gratis. Außerdem: Pool mit Kinderbecken, Tennis, Fitnesscenter, Fahrräder, Möglichkeiten zum Segeln und Tauchen vorhanden. Für die Kleinen gibt es einen Kinderspielplatz und einen Miniclub, kleine Haustiere sind willkommen. Preise: Nur Vollpension, alles inklusive, € 490, Kinder bis 2 J. frei, 2-5 J. 50 Prozent Ermäßigung, 5-12 J. 25 Prozent.

Hotel Marco Polo

47813 Igea Marina, Viale Pinzon 207, Tel. 0039-0541-33 02 59, www.hmarco polo.com.
Auch dieses Hotel ist direkt am sanft abfallenden Sandstrand und hat ein gutes Restaurant aber keinen Pool. Am Privatstrand stehen freie Schirme und Liegen zur Verfügung. Außerdem: Tennis, Fitnesscenter, Fahrräder, Segeln und Tauchen, Spielplatz und Miniclub, Haustiere sind willkommen. Preise: € 390, Kinder bis 2 J. 50 Prozent Ermäßigung, 2-5 J. 30 Prozent, 6-10 J. 20 Prozent.

Fedora

47838 Riccione, Viale d'Annunzio 112, Tel. 0039-0541-64 64 92, www.hotel fedora.it.
Das gepflegte Haus liegt direkt am Privatstrand mit Kabinen. Die unterschiedlich eingerichteten Zimmer haben viele Annehmlichkeiten für Kinder. Im Restaurant werden hauptsächlich Bio-Produkte verarbeitet. Es gibt drei Pools, ein Wellness- und Fitnesscenter mit Sauna, kostenlose Fahrräder, einen Miniclub, Kinderfeste, ein Spielzimmer, einen Spielplatz am Strand und Schwimmkurse. Kleine Haustiere erlaubt. Preise: Ab € 630, Kinder bis 2 J. frei, 2-5 J. 50 Prozent Ermäßigung, 5-12 J. 25 Prozent.

Lungomare

47838 Riccione, Via Milano 7, Tel. 0039-0541-69 28 80, www.lungo mare.com.
An der Strandpromenade befindet sich dieses komfortable Hotel mit kindgerecht eingerichteten Apartments (4 Betten, Kochnische). Ausstattung: Restaurant, Fitnesscenter, Smart-Auto für kurze Trips (€ 15 für Versicherung), Miniclub im Hotel und am Strand, Kinderfeste, kostenlose Benutzung des Country-Clubs: Transfer zum im Hotelbesitz befindlichen Landsitz mit Pool, Tennis, Kinderbecken, Spielplatz und Restaurant (ohne Zuschlag für Halbpensionsgäste). Preise: Ab € 925, Kinder bis 2 J.: 1. Kind frei, 2. Kind € 25 pro Tag; Kinder 2-5 J. 50 Prozent Ermäßigung, 6-11 J. 30 Prozent.

Blu Suite Hotel

47900 Igea Marina, Viale Pinzon 290, Tel. 0039-0541-33 47 11, www.blusuite hotel.it.
Das moderne Hotel hat komfortable, kindgerechte Zimmer, allerdings trennt eine verkehrsreiche Straße Hotel und den breiten, sanft abfallenden Privatstrand. Im Angebot: Sportanimation, Wellness und Fitness, Hallenbad, Pool

mit Kinderbecken, Miniclub, großes Spielzimmer, Nachmittagsimbiss für Kinder. Preise: € 1.250, Kinder bis 6 J. gratis, 7-12 J. 50 Prozent Ermäßigung.

Verkehr

In der Hauptsaison sind die Straßen entlang der Adria stark überlastet. Vor allem am Wochenende sollten Sie auf Autotouren verzichten. Beim Besuch der Städtchen ist es empfehlenswert, außerhalb einen Parkplatz zu suchen oder das Fahrzeug auf einem gebührenpflichtigen Parkplatz abzustellen. Wildes Parken wird streng geahndet, schnell abgeschleppt. Am besten, Sie nutzen die Bus- und Bahnverbindungen zwischen den Badeorten. Das Tankstellennetz ist dicht, man muss aber auf die Öffnungszeiten achten: mittags von 12.30/13 bis 15.30/16 Uhr, abends ab 19/20 Uhr geschlossen. Auch an Sonn- und Feiertagen schließen viele Stationen ganztägig. Außerdem ist auf den Ruhetag zu achten, der abseits der Autobahnen für alle Tankstellen Pflicht ist. Viele haben trotzdem die Tafel mit „Aperto Selfservice" (geöffnet mit Selbstbedienung) aufgestellt. Das bedeutet, man kann an Automaten mit Euro-Scheinen tanken.

Verkehrsbestimmungen: Es herrscht Gurtpflicht, die Promillegrenze liegt bei 0,5 Prozent. In Ortschaften gilt Höchstgeschwindigkeit 50 km/h, auf Landstraßen 90 km/h, auf vierspurigen Überlandstraßen 110 km/h und auf Autobahnen 130 km/h, auf der Brenner-Autobahn zwischen Brenner und Bozen 110 km/h. Außerhalb geschlossener Ortschaften ist Abblendlicht vorgeschrieben. Es muss eine Warnweste mitgeführt werden.

Zoll

Für EU-Bürger gilt der freie Warenverkehr, Gegenstände des persönlichen Bedarfs dürfen in unbegrenzter Menge ein- und ausgeführt werden.

Flug im Düsenjet oder Ritt auf dem Walfisch – Mama muss warten

Einkaufen & Mitbringsel

An der Adria könnten Sie sich arm kaufen, wollten Sie alle handwerklichen und kulinarischen Spezialitäten der betreffenden Regionen mitnehmen. Daher sollten Sie mit Bedacht auf die Märkte und durch die zu Einkäufen verlockenden Promenaden gehen.

Feine Keramik aus Faenza

Faenza, Fayencen, Porzellan: Die lasierten Keramiken haben ihren Ursprung zwar nicht in Faenza, aber hier hat man sie im europäischen Raum perfektioniert und von hier kamen einst die Tischgedecke und Dekorationen, die sich nur Königs- und Fürstenhöfe leisten konnten. Noch immer ist Porzellan aus Faenza eine teure Angelegenheit, aber es wird wie eh und je per Hand produziert, geformt, lasiert und sehr zart bemalt, gerne in traditionellen Mustern. Um sicherzugehen, beim teuren Kauf ein echtes Stück ergattert zu haben, sollten Sie auf das ovale Zeichen der Kunsthandwerkskammer von Faenza achten, das auf den Originalen aufgeklebt ist.

Rostiges Kunsthandwerk

Von der Herstellung von Stoffdrucken aus Rostfarben leben viele Kunsthandwerker bis heute, zum Beispiel in Gambettola, Castrocaro und Santarcangelo (siehe S. 74). Aber Sie müssen nicht extra in diese kleinen Städte fahren, auch in den Urlaubsorten gibt es kleine Geschäfte, die sich auf Stoffdrucke spezialisiert haben. Immer handelt es sich um besten Stoff, feines oder grobes Lei-

Klassische Souvenirs: die Keramiken der venezianischen Töpfer

nen sowie Baumwolle mit traditionellen Druckmustern. Traditionell in echtem Rostrot, in Grün oder Blau.

Schmiedeeisernes

Grillroste, aber auch kunstvolle Schmiedearbeiten, findet man überall entlang der Adria und im Hinterland. Zu Preisen, die einfach zu verlockend sind, denkt man an die Kosten nördlich der Alpen. Besonders schön sind schmiedeeiserne Lampen und Kerzenständer, Kamingeschirr – und schließlich Bettgestelle, die man sich ja auch nach Hause liefern lassen könnte. Mondaino (siehe S. 81) und Montegridolfo sind kleine, aber bekannte Schmiedeeisen-Zentren.

Wochenmärkte

Wer gerne über Wochenmärkte bummelt, sollte sich an seinem Urlaubsort gleich erkundigen, wo und wann der nächste Markt abgehalten wird. Zumeist werden die Waren von 7 bis 13 Uhr feilgeboten, an welchem Wochentag, variiert von Ort zu Ort. Besonders schön ist der riesengroße Markt (Mo-Sa) auf drei zusammenhängenden Plätzen im Zentrum von Padua: Piazza delle Erbe, Piazza della Frutta und Piazza Signori. Und der allerschönste ist der Fischmarkt von Venedig, der jeden Werktag morgens nahe der Rialto-Brücke stattfindet. Schon längst wird nicht mehr nur Fisch verkauft, viele Stände bieten Gemüse, Obst und Blumen an, aber auch Lebensmittel. Lecker schmecken die eingelegten Oliven oder die ebenfalls in Öl konservierten getrockneten Tomaten. Wer Käse mag, sollte während des Marktbummels ein paar Sorten probieren, die Händler sind sehr großzügig. In der Abteilung Haushalt sind die Porzellanstände eine wahre Fundgrube. Zwar mögen es die italienischen Familien meistens recht bunt bis kitschig, doch zwischendrin findet man auch eine Schüssel oder Tasse für den dezenteren Geschmack, etwa am Rand mit den Früchten und Blättern der Olivenbäume verziert. Spaß machen auch die echt wirkenden Äpfel, Birnen, Apfelsinen und Bananen aus Porzellan. Wer einen Garten hat, sollte sich ebenfalls Anregungen von den Märkten holen. Gartenzwerge sind an der Adria zwar nicht üblich, dafür andere Figuren zwischen Kunst und Kitsch, beispielsweise ein venezianischer Löwe, der dann am Gartentor wacht. Ist bereits ein Wachhund vorhanden, könnte ein italienisches Emaille-Schild „Attenti al Cane!“ oder lateinisch „Cave canem!“ gute Dienste erweisen.

Immer den Luftballons nach ...

Bunte Luftballons versprechen Süßigkeiten in Hülle und Fülle. Denn überall entlang der Adria, wo sich viele Kinder einfinden, also z. B. vor den Aquarien, den Lunaparks und Spielplätzen, stehen Verkaufswagen mit den farbenprächtigsten und süßesten Süßigkeiten. Die Verkäufer markieren ihre Stände mit lustigen Luftballons in allen erdenklichen Farben, die auch verkauft werden. Auf Wunsch wird der Ballon in eine besondere Form gebracht, die zumindest für einen Tag Spaß bereitet.

Wein und Prosecco

Herbe, trockene Weißweine aus dem Collio, den östlichen Hügeln des Friaul, genießen Weltruhm und eignen sich hervorragend als Mitbringsel für den eigenen Weinkeller oder als Geschenk für echte Weinkenner. Aus der venetischen Valdobbiadene kommt der echte Prosecco, bei dessen Kauf man aber genau darauf achten sollte, ob er tatsächlich von dort stammt und nicht nur irgendwo in der Gegend abgefüllt wurde. In der Emilia-Romagna gedeihen hervorragende weiße Trebbiano- und süffige bis schwere rote Sangiovese-Weine. In Bertinoro, dem Ort mit der Freundschaftssäule (siehe S. 63), wird ebenfalls ein sehr spezieller Wein gekeltert, den man laut Legende aus Goldbechern trinken sollte.

Stoffdrucke und alles, was man dafür braucht, in Terra del Sole

Muranoglas & Buranospitzen

Aus Venedig, genauer von ihren berühmten kleinen Schwesterinseln stammen die vielleicht schönsten Souvenirs der Lagune: Muranoglas in jeder erdenklichen Form, von Kunst bis Kitsch ist alles dabei und überall in der Lagune, aber auch südlich an der Küste zu finden. In Venedig selbst finden Sie auch Kunstateliers, in denen abstrakte Skulpturen aus Glas hergestellt werden. Und in Murano gibt es ein spezielles Glasmuseum und Werkstätten, in denen Sie den Glasbläsern bei der Arbeit zuschauen können. Auf der kleineren Insel Burano sind die klöppelnden Frauen zwar immer seltener auf der Straße vor ihrer Haustür sitzend zu sehen, aber in der örtlichen Schule werden junge Mädchen wieder in dieses Kunsthandwerk eingeführt und es werden immer mehr kleine Decken aus echten Buranospitzen feilgeboten.

Karnevalsmasken

Überall in Venedig finden Sie das ganze Jahr über, also nicht nur zur Karnevalszeit, wie es zu erwarten wäre, kleine Läden, die mehr oder weniger kunstvoll hergestellte Karnevalsmasken produzieren und verkaufen. Das Nette daran ist, dass man tatsächlich überall den Künstlern bei ihrer Arbeit zuschauen und vielleicht auch mal eine besondere Variante für sich ganz allein anfertigen lassen kann. Eine alte Tradition hat auch das marmorierte Papier von Venedig, das original recht teuer ist, aber aufwendig hergestellt werden muss. Da gibt es Briefpapier und dazu passende Umschläge, Schreibtischsets und Geschenkpapier, kurze und lange, dünne und dicke Bleistifte sowie Kästchen in allen Größen.

Festkalender

Entlang der Adria wird gerne gefeiert. Meistens sind es geschichtliche Anlässe, deren Tradition gepflegt wird, alte Fehden zwischen Städten und Stadtteilen, die in friedlichem Wettkampf nachgestellt werden. Da die meisten Feste für die Einheimischen und nicht vordergründig für Fremde veranstaltet werden, erfährt man oft nicht, was alles los ist – also bei den Ausflügen immer auf die Plakate achten, die am Rathaus oder an den Kirchen angebracht sind. Da private Vereine die Feste organisieren, die vielen teuren Kostüme immer wieder repariert oder neu genäht werden müssen, wird von den Besuchern an den Stadttoren Eintritt verlangt.

Februar/März: Karneval

14 Tage vor Aschermittwoch beginnt der weltbekannte Karneval in Venedig. Berühmt sind die Kostüme und die kostbaren Masken. Allerdings findet man inzwischen kaum noch echte Venezianer, die am Treiben teilnehmen. Wer genau hinhört, entdeckt, dass die Masken sich miteinander in perfektem Schwäbisch oder Bayerisch unterhalten. Originell ist der Karneval in Saludecio. Geschmückte Themenwagen erzählen kuriose und poetische Geschichten des Dichters Cerreto, der aus dem Ort stammt.

April: Drachenkämpfe

In der Osterwoche verwandeln sich in Ravenna alle öffentlichen Gärten in Freilichtbühnen, es gibt Märkte, Musikvorträge, Animation für Kinder, Marionetten und Ausflüge zu Pferd.

Karneval in Venedig: Die bunten Masken sind ein beliebtes Souvenir

In feierlichem Zeremoniell werden nach einem seit Jahrhunderten existierenden Protokoll am 1. April die Staatsoberhäupter von San Marino in ihr sechs Monate währendes Amt eingeführt.
Am 25. April steigt in Venedig die Festa di San Marco, auf der der Stadtpatron mit einer Prozession und einem Hochamt in der Basilica di San Marco geehrt wird. Nachmittags treffen sich alle zum Straßenfest auf der Piazza San Marco oder beobachten die Gondelregatten auf dem Canal Grande.
Am 26. April feiert am Brenta-Kanal das Städtchen Dolo seine Madonna dei Molini. Das Bildnis wurde 1813 von Napoleons Truppen entführt, kam aber dank einer Intervention von Franz I. am 26. April 1814 wieder nach Dolo.

Ende April gibt es in Cervia den Cervia Volante, das Internationale Festival der Drachenbauer. Teilnehmer aus aller Welt fordern zu farbenprächtigen Wettkämpfen heraus.

Mai: Meer, Blumen und Wein

Jedes Jahr am Himmelfahrtstag wiederholt sich in Cervia-Milano Marittima das alte Versöhnungsritual zwischen Land und Meer. Seit 1445 wird die farbenprächtige Hochzeit des Meeres veranstaltet mit Umzug, mittelalterlichem Markt, mit Musik, Fahnenschwingern und einer Regatta.
Im Mai feiert Santarcangelo eine Woche das Blütenfest Balconi Infioriti. Der Ort ist geschmückt, in den Straßen wird alles für den Garten angeboten.

Am ersten Septembersonntag ins Hinterland

Einmal so richtig mitfeiern, im Rhythmus der Trommeln und Fanfaren mit den Füßen wippen, kleine Mädchen und alte Männer in historischen Kostümen fotografieren, das geht am ersten Sonntag im September gleich zwei Mal: vormittags im gastfreundlichen Bertinoro (siehe S. 64), nachmittags in Terra del Sole. Dort wird es dann richtig spannend, wenn die zwei Stadtteile unter Anfeuerung ihrer Fans sich im Armbrustschießen messen.

Juni/Juli: Schiffsprozessionen

Der 13. Juni ist der Tag des heiligen Antonius, des Schutzpatrons von Padua. An diesem Tag steht die Stadt Kopf, Prozessionen, Messen und Märkte lösen einander ab.
Am 1. Sonntag im Juli bewegt sich eine feierliche Schiffsprozession von Grado durch die Lagune zur Wallfahrtskirche auf der Insel Barbara. Diese Tradition lebt seit 1237, die Kirche ist das älteste Marienheiligtum der Region (582).
Mitte Juli gibt es in Cesenatico den bunten Sommerkarneval – allerdings kein historisches Fest, mehr für den Fremdenverkehr erfunden.
Am 3. Sonntag im Juli feiert Venedig die Festa del Redentore, das Erlöserfest, als Dank für die Befreiung von der großen Pest (1576). Es beginnt am Abend vorher mit einer Parade lampiongeschmückter Boote auf dem Canale della Giudecca und einem Feuerwerk. Am Sonntag steigen die Gläubigen über eine eigens dafür gebaute schwimmende Brücke, um auf der Insel Giudecca in der Redentore-Kirche die Messe zu zelebrieren. Auf den geschmückten Booten und in den Gassen wird opulent gegessen und getrunken, ganz Venedig feiert ausgelassen.
In der letzten Juliwoche veranstaltet der Verband der Armbrustschützen von San Marino die Giornate Medioevali mit Umzügen und Paraden. 500 Teilnehmer ziehen in historischen Kostümen durch die Gassen. Auf den Menükarten der Restaurants stehen Gerichte nach Rezepten aus dem Mittelalter.

August: Burgen und Kanäle

Bei den Malatesta-Festen in Verucchio gibt es an der Rocca interessante Themenabende zur Geschichte der Stadt. Spektakulär sind die mittelalterlichen

Abendessen mit Spielleuten, Akrobaten und Jongleuren.
In Comacchio feiern die Einwohner am 13. August das Fest ihres Schutzheiligen San Casiano, auf den Kanälen finden Wettkämpfe der Batane statt, der traditionellen Boote Comacchios.

September: Regatta in Venedig

Eines der größten Ereignisse in Venedig ist am ersten Sonntag im September die Regata Storica in Erinnerung an die Seemacht Venedig. Alle Schiffstypen defilieren von den Giardini über den Canal Grande zur Ca' Foscari, wo die Siegerehrung stattfindet. Sehenswert ist die Regatta, weil alle Teilnehmer in Renaissancekostüme gekleidet sind.
Auch das Städtchen Cordovado, nördlich von Caorle feiert am ersten Septembersonntag das Mittelalter. Nach dem Zug zur Burg findet dort das Turnier der Fahnenschwenker statt.
Am 5. und 6. September findet in Cattolicas Stadtviertel San Giuliano die Festa de Borg statt, ein Volksfest mit Rummel und Veranstaltungen. Am zweiten Septembersonntag defilieren die Boote der historischen Regatta aus Venedig auf dem Brenta-Kanal, eine großartige Show.

Oktober-Dezember: Madonnendank und Bootskrippen

Sechs Monate dauert das Amt der Staatsoberhäupter von San Marino. Und so findet das feierliche Zeremoniell zur Amtseinführung zweimal pro Jahr statt: am 1. April und am 1. Oktober. Am 21. November feiert Venedig die Festa della Salute als Dank für die Befreiung von der zweiten Pestwelle im Jahr 1630. Wie beim Fest des Redentore (dritter Julisonntag) ziehen die Gläubigen auf einer schwankenden Brücke über den Canal Grande zur Kirche Santa Maria della Salute in der Nähe des Beckens von San Marco.
In Cesenaticos Freilichtmuseum mit traditionellen Booten werden im Advent hölzerne Krippenfiguren in Lebensgröße aufgestellt, die Szenen des typischen Seemannslebens darstellen.

Festlich gekleidet zum Freundschaftsfest in Bertinoro

Flora & Fauna

Der obere Teil der Adria besticht durch seine einmalige Lagunen- und Sumpflandschaft, in der sich das salzige Wasser mit dem süßen Zustrom der Flüsse aus Alpen und Voralpen vermischt. Hier bildeten sich natürliche Kanäle zwischen Meer und Land. Inseln unterbrechen die Brackwasserseen, überraschen oder tauchen ab, je nach Flut oder Ebbe. Diese besondere Mischung des Wassers bestimmt auch eine anpassungsfähige Flora, die für manche Vögel, Fische und Insekten optimaler Nährboden ist.

Immer was zu futtern

In den Lagunen zwischen Grado, Marano, Venedig, Comacchio bis in den Bereich von Ravenna konnte sich der Reichtum der Flora und Fauna immer mehr vergrößern. Weil salzhaltiges Brackwasser nicht vereist, bleiben manche Zugvögel das ganze Jahr an der Adria, so der Seidenreiher und neuerdings auch der Nachtreiher. Sogar der in Europa selten gewordene Löffler – der Schnabel sieht wirklich wie ein Suppenlöffel aus – wird häufiger in den Lagunen gesichtet. Der Fischreiher meidet den langen Flug nach Afrika und kommt von anderen Bereichen Italiens und Kroatiens an die Westküste der Adria, weil er hier das ganze Jahr Futter findet.

Leckere Salzkrebschen

Die Vielfalt der Vogelwelt wird durch den unterschiedlichen Salzgehalt des Wassers gefördert. Die Halophyten, also Pflanzen, die das Salz des Meerwassers „verdauen" können (wer dran leckt, schmeckt das Salz), wären kein geeigneter Ort für Wasserhuhn, Teichrohrsänger oder Drosselrohrsänger. Diese Vögel nisten im Schilf, das nur im Bereich der Mündungen der „süßen" Flüsse wächst. Das salzhaltige Wasser beherbergt kleine Krebstiere, wichtig für Vogelarten, die solche Tierchen mit ihrem Schnabel herausfiltern können, wie der Flamingo. Eine Reihe wirbelloser Tiere hat sich an die Umgebung angepasst: Krebse, Krabben, Ringelwürmer, Schnecken und Muscheln. Sie sind lebenswichtig für Fische wie Meeräsche, Flunder, Seebarsch, Goldbrasse und Aal (siehe S. 55).

Pflanzen im Meer

Algen waren vor Jahren der Schrecken der Adria. Was heute an nicht gereinigten Stränden herumliegt, ist ein Seegras, das Neptungras oder Posidonia oceanica. Die Wasserpflanze ist wichtig für die Tierwelt unter Wasser, Laichplatz für manche Meeresbewohner. Dann fallen beim Strandspaziergang auch die filzartigen, braunen Seebälle auf, die wie vertrocknete Pferdeäpfel aussehen. Es sind Blätter der Posidonia, durch Wellenbewegungen abgerissen und zusammengerollt, nichts anderes als ein Rest des Neptungrases – also ganz harmlos.

Wählerische Insekten

Die Blüte des Strandflieders lockt auch Insekten an. Andere Salzpflanzen jedoch verbergen ihre unscheinbaren Blüten unter schuppenartigen Blättern. Dazu zählen die Meerstrandbinse, die Meerbinse und das Salzgras. Die Samenverteilung muss in diesen Fällen der Wind übernehmen. Verlockende, farbige Ausnahmen sind die rosafarbene Salzaster und der goldgelbe Meerfenchel. Der Meerfenchel ist an seinen im Umriss dreieckigen, blaugrünen Blättern zu erkennen und an seinen gelbgrünen, manchmal zu Dolden ausgebildeten Blüten. Die salzig-bitteren Blätter werden zu Salaten und als Gewürz verwendet.

Der Ritter von Italien

An Wasservögeln ist die Lagunenlandschaft kaum zu übertreffen. Im Gebiet Grado wurden wieder Graugänse und Höckerschwäne heimisch. In den Lagunen schwimmen Schell-, Eider-, Samt- und Trauerenten, Letztere haben ein total schwarzes Gefieder. Im seichten Wasser halten sich viele Schlammvögel auf, dazu gehört auch der Stelzenläufer mit schwarzer Kappe, weißem Hals und Brust, dunklem Rücken, langem, spitzem Schnabel und ellenlangen, rosaroten Beinen. Die Italiener nennen ihn wegen seines stelzenartigen Ganges „Cavaliere d'Italia", Ritter von Italien. Der elegante Stelzenläufer wurde das Symbol des Po-Naturparks.

Im Schatten der Schirmpinien

Rund um Mesola breitet sich ein Steineichenwald aus, in dem Rot- und Damwild lebt. Südlich liegt Volano, bekannt für seinen Pinienwald. Solche Wälder begleiten die Urlauber bis in den Süden der Emilia-Romagna. An manchen Sandstränden kann man sich in den Schatten der Schirmpinien zurückziehen.

Farbsymphonie in Grün-Rot

Zwischen den Lagunen und Pinien stehen in Reihen aufgestellt große Pappelwälder. Sie wurden in der mit viel Mühe trockengelegten Sumpflandschaft angepflanzt, um überschüssiges Nass aus dem Boden zu saugen. Mit der Trockenlegung hat man auch die Malaria übertragende Mücke ausgerottet und Felder gewonnen. Wenn die Schneisen der Pappelforste im Frühjahr mit rot leuchtendem Klatschmohn tapeziert sind, schlägt das Herz des Hobby-Fotografen höher. Im Hinterland der Adria haben die Menschen seit Etrusker- und Römerzeiten den fruchtbaren Boden genutzt. Wenn im Frühsommer das Blütenmeer der Apfel-, Pfirsich- und Pflaumenplantagen strahlt, ist Ausflugszeit. Ist die Blüte verschwunden, fallen die mit Weingärten bedeckten Hügel eher auf. Hier wachsen edle Tropfen wie der weiße Albana und der rote Sangiovese.

Strikt verboten: Das Pflücken von Strandflieder (Limonium)

Geschichte

Die obere und mittlere Adria teilt sich in die Regionen Friaul-Julisch Venetien, das Veneto und die Emilia-Romagna. Bis es zu dieser friedlichen Einteilung kam, sah die Gegend Jahrhunderte voller Eroberungen, Kämpfe und Ausbeutungen. Nur kurz währten die Zeiten des Wohlstands, etwas länger die Perioden, in denen Künstler und Architekten im Auftrag der Herrschenden Werke schufen, die Reisende bis heute bewundern.

Die friedliche Besetzung

Die Funde sind gering, doch es ist anzunehmen, dass vor etwa 7.000 Jahren Nomadenstämme in den Adriaraum eindrangen. In der Jungsteinzeit (etwa um 4300 v. Chr.) entstanden agrarische Dorfsiedlungen, die durch Ringwälle gegen Feinde geschützt wurden. Das konnte durch Grabungen (Istrien, Friaul) nachgewiesen werden. Von der Terramar-Kultur sind Rundhäuser auf Pfählen (2000-1800 v. Chr.) erhalten. Es folgte eine wohl friedliche Epoche: Händler und Pferdezüchter beherrschten den nördlichen Raum und die Po-Ebene (1000 v. Chr.). Die anschließende Villanova-Kultur (9.-7. Jh. v. Chr.) hinterließ Spuren, die erst zwischen 1969 und 1975 bei Verucchio ans Licht kamen (siehe S. 75).

Blütezeit unter den Römern

Ab 600 v. Chr. suchten die mächtiger werdenden Etrusker nach neuen Handelswegen und erschlossen die Küste mit Häfen in Rimini, Ravenna und dem nicht mehr existierenden Spina (bei Comacchio). Als sich die römische Republik auszubreiten begann, wurden die Etrusker von den Römern assimiliert. Die Adria südlich der Po-Mündung wurde von Rom aus kontrolliert, der Handelsraum durch die Via Flaminia Rom-Rimini erschlossen (350-185 v. Chr.). Um gegen die seit dem vierten Jahrhundert vorwärtsstrebenden Kelten ein Bollwerk zu schaffen, wurde um 181 v. Chr. Aquileia gegründet. Nach der Ermordung Cäsars 44. v. Chr. brachte die Friedenspolitik von Kaiser Augustus (30 v. Chr.) Wohlstand. So wurden die Adriahäfen Ravenna, Aquileia, Grado und Rimini zu wichtigen Handelszentren.

Auf den Spuren der Römer

Im Vergleich zu anderen Gebieten Italiens ist an der Adria nicht viel aus der Römerzeit zurückgeblieben. Einige Zeugnisse dieser Kultur gibt es doch. Eindruck machen in Aquileia die Säulen des Forums. In der Altstadt von Rimini ist der Arco d'Augusto erhalten, 27 v. Chr. zu Ehren Kaiser Augustus' gebaut. Ein Säulenstumpf aus Marmor nahe der Kirche Sant' Antonio soll den Platz markieren, an dem Caesar nach Überschreitung des Rubicon – das Rinnsal liegt nördlich der Stadt – den berühmten Satz „Alea iacta est" (Der Würfel ist gefallen) ausgerufen haben soll, die Aufforderung, Rom zu erobern. Geblieben ist in Rimini der fünfbogige Ponte di Tiberio, der bis heute benutzt wird.

San Marino und Ravenna

Es bildeten sich immer mehr christliche Gemeinden. Der Überlieferung zufolge gründet der heilige Marinus, ein Steinmetz, im Hinterland von Rimini ein Gemeinwesen auf dem Monte Titano. Nach seinem Tod (301) entstand die Republik San Marino, die bis heute ihre Selbstständigkeit erhalten hat (siehe S. 67). In anderen Teilen des Landes finden im vierten Jahrhundert verheerende Christenverfolgungen statt. Nach dem Zerfall des Römischen Reiches in West- und Ostrom (395) kam die Adria unter weströmische Herrschaft. Die Schwäche des Reiches nutzten die Westgoten, plünderten Rom, was Kaiser Flavius Honorius veranlasste, seinen Hof von Mailand nach Ravenna zu verlegen. In dieser Zeit schufen Künstler die heute noch zu bewundernden Mosaiken (siehe S. 57).

Langobarden und ihr Ende

Vor den Überfällen der Hunnen unter Attila floh die Bevölkerung in die Lagunen. Das Weströmische Reich endete mit dem Sturz des Romulus durch den Germanen Odoaker (476). 493 eroberte der gotische König Theoderich Italien, eine seiner Residenzen wurde Ravenna, das wieder aufblühte. Schließlich besiegte Byzanz die Goten. Italien wurde oströmische Provinz. Danach drangen die Langobarden über die Alpen (568) und errichteten ein mächtiges Königreich. Die Herrschaft der Langobarden endete mit dem Sieg des Frankenkönigs Pippin III. (756), der das Land zwischen Ravenna und Ancona dem Papst vermachte, die Ursprünge des Kirchenstaates. Karl der Große eroberte schließlich den Rest des Langobardenreichs (774).

Geburt der Seemacht Venedig

Schon seit 697 herrschten die Dogen in Venedig. Im Verlauf der Rivalität zwischen Franken und Byzanz errichtete der Doge Agnello Partecipazio in Rialto seinen Sitz – der Ursprung Venedigs. Während der Kirchenstaat unter dem Schutzschild des Kaisers die Küste der Emilia-Romagna und der Marken beherrschte, sicherte sich Venedig unter der Herrschaft der Oberschicht die Seewege. In Italien kämpften die papsttreuen Guelfen gegen die Ghibellinen, Stadt- und Fürstenstaaten entstanden, erbliche Signorien gelangten an die Macht, wie die Malatesta (siehe Kasten S. 122).

Berühmter Freiheitskämpfer des Risorgimento: Giuseppe Garibaldi (Padua)

Umstrittener Herrscher: Sigismondo Malatesta (1417-1468)

Die Chance der Künstler

In der Zwischenzeit hatte sich Venedig gegen Genua durchgesetzt, war Triest aus Angst vor den Dogen in die Arme von Österreich geflohen (1382), eroberte der machthungrige Stadtstaat das Festland bis zu den Alpen (1404-35) und besetzte 1481 das gesamte Po-Delta. 1505 gab Venedig seinen Besitz in der Romagna an den Kirchenstaat zurück, behielt aber Rimini und Faenza. Diese Zeit war der Höhepunkt venezianischer Kunst. Baumeister wie Palladio, Lombardo, Longhena und Sansovino bauten Kirchen und Paläste. Künstler wie Tizian, Carpaccio, Paolo Veronese und Tintoretto schmückten sie mit Gemälden und Fresken. Doch nach langer Zeit des Wohlstands ging es abwärts: Nach dem Fall Konstantinopels (1453) hatte Venedig nach und nach seine Besitzungen im östlichen Mittelmeer und das Umland verloren. 1797 eroberte Napoleon Norditalien. Venedigs letzter Doge dankte ab. Beim Wiener Kongress (1814/15) wurden Venedig, Venetien, Friaul und die Lombardei Österreich angegliedert.

Einigung und Befreiung

Im Verlaufe der nationalen Einigungsbewegung wurde 1861 das Königreich Italien proklamiert. 1866 gewann Italien Venetien und das westliche Friaul zurück. Nur Triest und die Küste bis Grado blieben im Machtbereich Österreichs. Im Ersten Weltkrieg entbrannten am unteren Isonzo heftige Kämpfe zwischen Italien und den Mittelmächten. Nach dem Krieg fielen Triest und Istrien an Italien zurück. Bürgerkriegsähnliche Zustände ermöglichten es 1922 dem Faschisten Benito Mussolini, die Macht zu übernehmen. Er wurde 1943 gestürzt, nachdem die Westalliierten in Italien landeten. Viele Städte Italiens wurden zerstört, darunter auch Forlì. 1946 wurde die Monarchie endgültig abgeschafft, 1970 die Republik Italien in Regionen eingeteilt.

Die Malatesta

Wie so manche machthungrige Familie sahen die Malatesta während der Wirren in Italien die Chance, ihren Einfluss zu vergrößern. Bald nach der Gründung der Dynastie (1295) waren sie Herrscher über Rimini und das Hinterland. Vor allem Sigismondo Malatesta (1417-1468) sicherte sein Herrschaftsgebiet durch den Ausbau wehrhafter Burgen im Marecchia- und Conca-Tal. Heute noch ist diese Militärarchitektur in Verucchio und Santarcangelo, in Gradara, Mondaino und Saludecio zu bewundern.

Sport

Die Adriaküste bietet in ihrer ganzen Länge zahlreiche Möglichkeiten zu aktivem Urlaub, sei es mit Wassersport oder mit Wandern, Mountainbiken, Radfahren und Reiten. Wer sich sportlich betätigen möchte, sollte ein paar Spezialisten nach besonderen Angeboten fragen.

Informationen über Aktivurlaub:
www.sportinvacanza.it
www.adriaeventi.com
www.welcometoitaly.com
www.adriacoast.com

Angeln/Fischen

Am Meer darf ohne besondere Genehmigung geangelt werden, für Seen und Flüsse muss eine Erlaubnis der Gemeinde (beim Fremdenverkehrsamt erkundigen) eingeholt werden, die gegen eine geringe Gebühr sofort erteilt wird.
Wer den Angelsport ernsthaft betreiben möchte, sollte sich an Profis wenden:

La Vacanza Attiva
c/o Turismo Insieme
Via Tripoli 193
47900 Rimini
www.turismoinsieme.com

Golf

Mehrere Golfplätze locken im Hinterland oder nahe der Küste wie in Lignano Sabbiadoro, Grado oder Rimini. Der größte Golfplatz des Veneto (18 und 9 Löcher) liegt ca. 15 Kilometer nördlich von Mestre: Golf Club Villa Condulmer in Zerman (Via della Croce 3, 31021 Zerman-Mogliano, Tel. 041-45 70 62).

Radfahren für alle Ansprüche

Einen gut gemachten Führer ***Radfahren in der Romagna*** *hat das Fremdenverkehrsamt in Ravenna herausgebracht (IAT, Via Salara 8/12, Tel. 0544-354 04, turismorav@comune.ravenna.it). Er bietet genaue Beschreibungen, Karten sowie Erklärung zu Geschichte und Sehenswürdigkeiten. Die Vorschläge gehen von 21-Kilometer-Strecken von anderthalb Stunden Dauer bis zur 202-Kilometer-Tour, für die man neun Stunden einplanen muss.*

Sehr beliebt sind auch die ganzjährig bespielbaren 18-Loch-Plätze in Grado, Lignano Sabbiadoro und Rimini:
▶ Golf Club Grado, Via Monfalcone 27, 34037 Grado. Tel. 0431-89 68 96, www.golfgrado.it
▶ Golf Club Lignano, Via della Bonifica 3, 33054 Lignano Sabbiadoro, Tel. 0431-42 80 25, www.golflignano.it
▶ Rimini Golf Club, Via Tenuta Amalia 109, Località Villa Verucchio, Tel. 0541-67 81 22, info@riminigolf.com

Infos für Golfer:
▶ Adria Coast Golf Promotion, Via Jelenia Gora 6, 48016 Milano Marittima (RA), Tel. 0030-0544-97 33 40, www.adriacoastgolf.com
▶ Select Hotels, Viale II Junio 34, 48016 Milano Marittima (RA), Tel. 0039-0544-97 70 71, www.selecthotels.it
▶ www.golf-veneto.de

Radfahren/Mountainbiking

Entlang der Adria kann man gemütlich mit dem Rad Ausflüge unternehmen oder zum nächsten Badeort radeln – alles geht flach geradeaus. Das Hinterland mit seinen meist sanften Hügeln ist eher etwas für Anspruchsvolle. Die ganze Zeit bieten sich herrliche Ausblicke auf die Küste und man kommt in hübsche kleine Orte, in denen sich mindestens eine Bar zum Durstlöschen und Hungerstillen findet. Ausgewiesene Radwege gibt es in den seltensten Fällen, aber die vorgeschlagenen und markierten Rundwege für Radfahrer und Biker führen häufig über weniger frequentierte Nebenstraßen. Besonders schön ist eine Radtour (58 km) zwischen Caorle und Bibione, die zum Teil entlang dem Tagliamento-Fluss führt. Natürlich werden in allen Urlaubsorten Räder und Mountainbikes vermietet. Für Rad-Fans geben die spezialisierten Hotels einen eigenen Katalog heraus:

Viele Radverleiher bieten auch Kindersitze an, in Einzelfällen sogar Anhänger

Italy Bike Hotels
Via Macanno 38
47900 Rimini
Tel. 0039-0541-30 73 31
www.riccionebikehotels.it
www.italybikehotels.it

Touren rund um Cesenatico:
Bike & Beach Club Hotels
Viale Roma 112
47042 Cesenatico
Tel. 0039-0547-758 52
www.bikeclubhotels.com

Reiten

Vor allem im Hinterland der Adria wird gerne geritten (siehe S. 89). Von den Badeorten werden Reitausflüge ins Hinterland organisiert. Reitclubs gibt es in Lignano Sabbiadoro, Cervia, Bibione, Cesenatico, Rimini, Misano Adriaticona, Lidi di Comacchio und im wunderschönen Lagunengebiet. Gleich sechs Reitställe gibt es an den Lidi di Ravenna. Einer der rührigsten Vereine ist der Horses Friends Club, der im Bereich der Provinzen Ferrara und Rovigo mehr als 600 Kilometer Reiterwege erschlossen hat. Ausgangspunkt ist das Reitzentrum San Venanzio in Copparo. Weitere Infos:

Corte Arcangeli
Via Pontegradella 503
44100 Ferrara (Pontegradella)
Tel. 0039-0532-70 50 52
www.cortearcangeli.it

Segeln und Windsurfen

Entlang der gesamten Adriaküste findet man eine Menge Segelschulen und Häfen, in denen auch Segelboote vermietet werden. Beispielsweise neun Windsurf- und Segelschulen an den Lidi di Comacchio, fünf in Cervia (und einen Segelclub), vier Segelschulen und eine Surfschule in Cesenatico, eine Windsurf- und Segelschule in San Mauro Mare, einen Boots- und Segelclub in Cattolica. In Lignano Sabbiadoro kann man Segelboote mieten, Windsurfen lernen und Bretter leihen, ebenso im nahen Bibione. Tipps gibt es im Hotel oder bei:

Federazione Italiana Vela
Viale Brigata Bisagno 2-17
16129 Genova
Tel. 010-54 45 41
www.federvela.it

Auskunft und Buchung von Bootsanlegestellen sowie alles über Segelurlaub im Bereich um Ravenna:

Konsortium Mosaica
Via Salara 16
48100 Ravenna
Tel. 0039-0544-21 89 31
www.marinara.it

Tauchen

Die italienische Adria bietet sich eher für Segler und Surfer als für Taucher an. Trotzdem haben sich einige renommierte Tauchschulen etabliert, unter anderem in Rimini und Riccione. Gegen Ende des Lehrgangs oder wenn Urlauber bereits mit einem Tauchschein zu den Tauchbasen kommen, fahren die Boote in Richtung kroatische Küste. Dort ist der Fischbestand reicher und bunter, sind auch Korallen zu finden und im nördlichen Bereich, gegenüber von Venedig, zahlreiche Wracks. Auskünfte über Tauchstationen bei:

Federazione Italiana Attività Subacque
Via Macchi 38
20124 Milano
Tel. 026-70 50 05
www.fias.it

Tennis

Sand- oder Hartplätze gibt es in jedem der Adriaorte. Viele Hotels besitzen eigene Plätze, doch auch Tennisclubs lassen Urlaubsgäste auf ihren Plätzen spielen. Milano Marittima hat ein bekanntes, exklusives Tenniszentrum. In der Hochsaison im Juli und August sollten Sie die Spielzeiten rechtzeitig anmelden.

Wandern

Die sanft gewellte Landschaft im Hinterland der mittleren Adriaküste ist ebenso ein wunderbares Wandergebiet wie die Weinhügel nördlich von Grado, auch wenn selten Wege gekennzeichnet sind. Auch Comacchios Lagunenwege dürften ihre Anhänger finden (Moskito-Schutz!). Bei der Touristeninformation von Rimini (www.riminiturismo.it) gibt es die Broschüre „Trekking“ mit sechs Wanderwegen zwischen fünf und 14 Kilometern und mit Karten. Unterstützung gibt es bei den lokalen Alpenvereinen:

Club Alpino Italiano (C.A.I.)
Via E. Petrella 19
20124 Milano
Tel. 022-05 72 32 01
www.cai.it

Wasserski und Jetski

Schulen gibt es an den Lidi di Ravenna, in Cervia, Cesenatico, Gatteo a Mare, Bellaria-Igea Marina, Rimini (zehn!), Riccione, Cattolica und in Misano Adriatico.

Verlag: COMPANIONS GmbH,
Rödingsmarkt 9, 20459 Hamburg,
Tel. 040-306 04-600,
Fax 040-306 04-690,
E-Mail: info@companions.de,
Internet: www.companions.de

Autor: Gottfried Aigner

Lektorat und Schlussredaktion:
Saskia Bezzenberger, Anne Sauer,
Claudia Lüersen

Schlusskorrektur:
Inken Kahlstorff

Titelgestaltung und Layout:
Cornelia Prott

Lithoherstellung:
DZA Satz und Bild GmbH, Altenburg
Druck und Bindung:
DZA Druckerei zu Altenburg GmbH

Bildnachweis:
alle Bilder von Gottfried Aigner außer iStockphoto.com/Vicki Reid (S.1), Fremdenverkehrsamt San Marino (S.68), iStockphoto.com/Olaf Loose (S.22), iStockphoto.com/Eugenio Barzanti (S. 26), iStockphoto.com/Konstantin Tovstiadi (S. 28), iStockphoto. com/vesilvio (S. 46), Fotolia.com/Kerstin Meier (S. 115)
Titelfoto: iStockphoto.com/Vicki Reid
Illustration (Umschlag):
iStockphoto.com/Noel Powell
Karte: Karthographiebüro Jochen Fischer

ISBN: 978-3-89740- 603-2

Wir danken allen, die zum Gelingen des Buches beigetragen haben. Der Autor dankt seiner Frau und Kollegin Nana Claudia Nenzel für die wertvolle Unterstützung.